防身术

全民健身项目指导用书

次春雷◎主编

吉林出版集团股份有限公司　全国百佳图书出版单位

图书在版编目（CIP）数据

防身术 / 次春雷主编. -- 2 版. -- 长春 : 吉林出版集团股份有限公司, 2010.2(2024.8 重印)
全民健身项目指导用书
ISBN 978-7-5463-2328-2

Ⅰ. ①防… Ⅱ. ①次… Ⅲ. ①防身术－基本知识 Ⅳ. ①G852.4

中国版本图书馆 CIP 数据核字(2010)第 028333 号

全民健身项目指导用书

防身术

FANGSHENSHU

主　　编　次春雷
责任编辑　黄　群　杜　琳
封面设计　吕宜昌
开　　本　650mm × 960mm　1/16
印　　张　8
字　　数　30 千
版　　次　2010 年 2 月第 2 版
印　　次　2024 年 8 月第 4 次印刷
出版发行　吉林出版集团股份有限公司
地　　址　吉林省长春市福祉大路 5788 号
邮　　编　130000
电　　话　0431-81629968
电子邮箱　11915286@qq.com
印　　刷　三河市金兆印刷装订有限公司
书　　号　ISBN 978-7-5463-2328-2　　定　　价　39.80 元

序 言

自 1995 年我国政府推出《全民健身计划纲要》以来，我国群众性体育活动蓬勃发展，取得了显著的成绩。2008 年，举世瞩目的北京奥运会的成功举办，极大地激发了亿万人民群众的体育热情，增强了全社会的体育意识，营造了浓厚的全民健身氛围。面对这样的可喜局面，群众体育科研、教学工作者应义不容辞地为社会实践服务，从不同角度思考，如何使普通百姓通过简而易行的身体锻炼方式、方法和手段达到良好的健身效果，达到拥有健康的目标，从而享受生活、享受快乐人生。该书系就是在这样的思想指导下诞生的。

本书系能够顺应国家体育的大政方针，掌握时代脉搏，对指导大众健身，使大众掌握健身方法和手段有很好的促进作用。

本书系图文并茂，实用性强，分为球类运动、体操健身运动、传统武术、冰雪运动、水上运动、体育舞蹈、休闲运动、格斗运动、民间体育活动和极限运动等十大类项目，计 100 分册，按照统一的体例，力争有所创新。每册的具体内容为该项目的起源与发展、运动保健、基本技术、运动技巧、比赛规则等，使读者在学习过程中，不仅能够学会运动健身的方法，同时还能够学到保健方面的基本知识。

经国务院批准，自 2009 年起，将每年的 8 月 8 日定为“全民健身日”。《全民健身项目指导用书》的出版，必将为开展全民健身活动起到积极的推动和指导作用。

目录 CONTENTS

目录 CONTENTS

第一章　概述

防身术是一种徒手搏击术，是中国武术攻防格斗技术的一种形式。它主要运用踢、打、摔、拿等武术技击方法，以制服对方保护自己为目的，自古以来就被人们所使用。

第一节

起源

防身术与人类生存和自然发展有着密不可分的关系。随着历史的发展，防身术也逐渐地成为人们喜爱的健身运动。

防身术是人类在与大自然的斗争过程中产生，并伴随古代军事技能的发展而逐渐形成的搏击技巧。

商周时代频繁的军事斗争促进了攻防技术的提高和发展。《诗经·小雅·巧言》记载："无拳无勇，职为乱阶。"这说明当时社会是非常鼓励人们习武健身的。

春秋战国时期"相搏"已较为普遍，攻防格斗技术被人们所重视。为了使武艺得以交流，每年春秋两季，天下武艺高手都要云集进行较量。并且，当时提倡士兵通过练习搏斗技术来增强体质。

秦汉时期，防身术被称作手搏，比赛形式较为正规，武术攻防格斗技术也有了很大的发展。汉代手搏也叫"弁""卞"。

擂台竞技在唐代更加广泛，手搏、角抵备受重视，比赛几乎形成制度。

到宋代，手搏作为强身健体、活动筋骨的主要手段，在民间广为流行。

清代出现了许多民间练武团体，如"社""馆"等组织，各馆之间经常比武较量，切磋武艺，所以"打擂"在民间广为流行。

第二节 发展

防身术在长期的发展过程中，技战术不断革新，逐渐受到越来越多人的喜爱。

传播

中华人民共和国成立以后，防身术得到了快速的发展。在继承已有招式的基础上，防身术把武术中各种适合实践应用的招法分离出来，经过摘编、加工、提炼、创造和完善，成为一个个散招，具备简单、实用、易记和易学的特点。通过媒体的传播，防身术更加贴近大众。

发展趋势

防身术练习的运动量适中，老少皆宜，长期坚持不但能够起到强身健体的作用，还可以提高身体的柔韧性与灵敏性，因此深受人们的欢迎，现在已经成为全民健身运动的重要内容。

第二章　运动保健

体育运动对增强体质、预防疾病和促进健康具有良好的作用。但是，并非所有人从事相同的运动都会达到同样的效果。对于同一种运动负荷，不同人机体的反应差异是很大的，即使同一个体，在不同时期、不同机能状态下，对同一负荷的反应及效果也是不一样的。因此，对于不同个体，应制定适合其机能需要的运动强度、时间、频率和持续周期。从事体育锻炼一定要讲究科学性，使机体最大限度地获得运动价值，使某些疾病得到有效的防治。

第一节 自我身体评价

自我身体评价是指根据个体的不同情况以及简单的功能评定标准，对锻炼者进行身体评价，并以此为依据，确定具体的锻炼内容。

适宜人群

体适能是全身适应性的一部分，是人体精神和体力对现代生活的适应能力。为了促进健康，预防疾病，提高生活质量和工作学习效率，几乎所有人都可以追求健康体适能，而且经过简单的评价和测试，均可以成为目标人群，即适宜人群。

健康体适能评价标准

健康体适能是指身体有足够的活力和精力处理日常事务，而不会感到过度疲劳，并且还有足够的精力去享受休闲活动和应对突发事件。

健康体适能是确定锻炼者是否为运动适宜人群的主要依据。目前的评价标准主要包括国民体质测定标准、学生体质测定标准和普通人群体育锻炼标准等。

国民体质测定标准主要包括形态指标、机能指标和素质指标 3 个部分，各项指标的测定结果均为 1～5 分，共 5 个级别。凡各项指标达不到 4 分或 5 分者，均应被纳入健身人群。

学生体质测定标准分为优秀、良好、及格和不及格 4 个级别。优秀水平以下者，均应被纳入健身人群。

普通人群体育锻炼标准分为 5 个级别，凡达不到 4 分或 5 分者，均应被纳入健身人群。

简易运动功能评定

简易运动功能评定的目的在于确定锻炼者有无运动禁忌症或临时运动禁忌的情况，即是否适合参加体育锻炼，以达到防备万一、避免意外事故发生的目的。目前通行的方式为 3 分钟踏台阶测试。

目的

测试锻炼者运动后心率恢复的情况，以评估其心肺功能。

器材 见图 2–1–1

30 厘米高的长凳、节拍器、秒表和时钟。

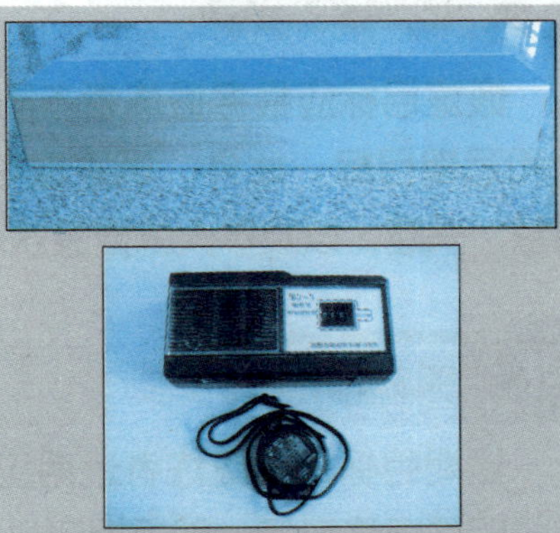

图 2–1–1

步骤 见表 2–1–1

(1)节拍器设定为每分钟 96 次，锻炼者依“上上下下”的节拍运动 3 分钟。

(2)锻炼者完成 3 分钟踏台阶后，5 秒钟内开始测量其脉搏，时间为 1 分钟，记录其心率，并依据下表评价其功能水平。

(3)运动后心率越低，证明其心肺功能越好。在运动强度允许的范围内，锻炼者可选择运动强度的较高值来进行运动。

表 2–1–1 3 分钟踏台阶测试评价表

	年龄(岁)	欠佳(次)	尚可(次)	一般(次)	良好(次)	优异(次)
男士	18~25	>115	105~114	98~104	89~97	<88
	26~35	>117	107~116	98~106	89~97	<88
	36~45	>119	112~118	103~111	95~102	<94
	46~55	>122	116~121	104~115	97~103	<96
	56~65	>119	112~118	102~111	98~101	<97
	65+	>120	114~119	103~113	96~102	<95
女士	18~25	>125	117~124	107~116	98~106	<97
	26~35	>128	119~127	111~118	98~110	<97
	36~45	>128	118~127	110~117	102~109	<101
	46~55	>127	121~126	114~120	103~113	<102
	56~65	>128	118~127	112~117	104~111	<103
	65+	>128	122~127	115~121	101~114	<100

注意事项

如锻炼者经过努力仍无法达标，或出现头晕、胸闷、出冷汗等症状，应立即终止测试。运动中应特别考虑运动强度，以防止出现意外。

锻炼目标

锻炼目标应根据锻炼者不同的身体状况来确定，可分为近期目标和远期目标。此外，确定锻炼目标还应结合锻炼者的运动意向、愿望、兴趣，以及本人的健康状况、疾病程度等因素来进行。

近期目标

近期目标是指锻炼者近期应达到的目标。在进行运动之前，应首先明确锻炼目标，即近期目标。选择一两个健康体适能构成要素，作为未来两个月内努力完成的目标，而且应从成功概率较高的构成要素开始，并将预期两个月后要达到的目标做上记号，如提高某个或某些关节的活动幅度，增强某个肌肉群的力量等。

远期目标

远期目标是指锻炼者最终要达到的目标。实践证明，经过科学合理的锻炼后，锻炼者是可以达到一般的远期目标的，如提高心肺功能，使其达到优秀的等级，或达到降血脂、防治高血压和冠心病的目的等。

运动负荷

运动负荷即运动量。怎样控制运动量，合适的运动时间是多少等，一直是人们争论不休的问题。但有一点是可以肯定的，那就是任何有关身体活动的意见和建议，都需要综合考虑锻炼者的身体状况和所要达到的目标，并以此为依据来制订科学的身体锻炼计划。

运动强度

在运动过程中，运动强度过小，则无法达到锻炼的效果；运动强度过大，不仅达不到最佳的锻炼效果，还可能产生一些副作用，甚至出现意外事故。确定运动强度有两种方法，即心率简易推测法和主观感觉疲劳分级表推测法。

心率简易推测法

（1）年龄在 20 岁左右的年轻人，身体健康，能坚持体育锻炼，欲进一步提高身体机能，可取最大心率值（最大心率值 =220 − 年龄）的 65%～85%。

（2）年龄在 45 岁以下，身体基本健康，有运动习惯者，开始进行健身锻炼，可取最大心率值的 65%～80%，没有运动习惯者，开始进行健身锻炼，可取最大心率值的 60%～75%。

（3）年龄在 45 岁以上，身体基本健康，有运动习惯者，开始进行健身锻炼，可取最大心率值的 60%～75%，没有运动习惯者，建议根据自身情况咨询专业人员来指导和确定运动强度。

主观感觉疲劳分级表推测法

见表 2−1−2

运动的疲劳程度大致分为 10 级，具体为：0～1 级，没感觉；2～3 级，尚轻松；4～5 级，稍累；6～7 级，累；8～9 级，很累；10 级，精疲力竭。因此，健身锻炼的运动强度应控制在主观感觉疲劳程度的 4～7 级。

表 2−1−2　主观感觉疲劳分级表

0 没感觉	·	2 尚轻松	·	4 稍累	·	6 累	·	8 很累	·	10 精疲力竭

运动频率

运动频率是指每日及每周锻炼的次数。一般每周锻炼 3～4 次，即隔日锻炼 1 次即可。有充足的休息时间，可使机体得到充分的休息，收到更好的锻炼效果。

运动持续时间

运动强度和运动持续时间，决定了一次锻炼的运动量和热量消耗。运动持续时间与运动强度成反比，运动强度大，运动持续时间可相应缩短，运动强度小，则运动持续时间应相应延长。

一般的健身锻炼，运动持续时间以每天 20～60 分钟为宜，其中包括准备活动时间、健身锻炼时间和整理活动时间。每次健身锻炼应在 20 分钟以上，锻炼可一次性完成，也可分段进行，但每段的活动时间应在 10 分钟以上。

第二节 运动价值

运动价值是人们一直在探讨的问题。一般认为，运动具有两方面的价值，即健身价值和心理价值。身体和精神的健康是相互依存的，伴随着身体功能的改善，精神状况也能同时得到改善。

健身价值

健身价值在于提高体适能。体适能包括心肺耐力素质、肌肉力量素质、柔韧性素质和身体成分等。体适能的发展是积极从事锻炼的结果，只有规律性的体育锻炼才能达到最佳的体适能。

提高心肺耐力素质

心肺耐力是指全身肌肉进行长时间运动的持久能力，是体内心肺系统对身体各细胞的供氧能力。人体的心脏、肺、血管、血液等组织的功能是心肺耐力的基础，它们与氧气和营养物质的输送以及代谢物的清除有关。健全的心肺功能是健康的基本保证。

系统的体育锻炼，可以使心肌增厚，收缩力加强，心室容积增大，从而使心脏的泵血功能增强，表现为心血输出量增加。

系统的体育锻炼，呼吸系统机能也将得到提高，表现为呼吸肌的力量增强，肺活量、肺通气量明显增加，保证对机体供氧的能力。

系统的体育锻炼，可以促进血管系统的形态、机能和调节能力产生良好的适应力，从而提高机体的工作能力。

系统的体育锻炼，可以使血液系统产生某些适应性变化，如血容量增加、血黏度下降、红细胞膜弹性增强和红细胞变形能力增强等。

提高肌肉力量素质

肌肉力量是指肌肉最大收缩产生的对抗阻力或负荷的能力。肌肉力量只有达到一定的程度，才能克服外界阻力，而克服外界阻力是维持日常生活自理、从事各种劳动和运动的必要前提。

系统的体育锻炼，可以提高肌肉的生理横断面积，可以改善神经系统对肌肉收缩的支配功能，还可以提高肌肉内代谢物质的储备量，使肌肉力量得到提高。

提高柔韧性素质

柔韧性是指人体各关节的活动幅度，即关节的肌肉、肌腱和韧带等软组织的伸展能力。柔韧性对于保证正常生活质量、维持正常体态、预防损伤发生和减轻损伤程度等方面均起到至关重要的作用。

系统的体育锻炼，还可以延缓因年龄因素而导致的柔韧性下降，预防因缺乏运动而导致的关节结构、周围软组织和膝关节肌肉退化，从而使锻炼者的日常生活、劳动和运动等更加充满活力。

改善身体成分

身体成分是指人体体重中的脂肪组织和去脂组织的重量百分比。身体成分中的脂肪成分增加，肌肉成分必然下降。身体中不具备收缩功能的脂肪组织增加，必然导致身体进行各种活动的能力下降，基础代谢水平降低，肥胖症、冠心病、高血压、糖尿病、高血脂等慢性疾病发病率的提高。因此，身体成分是保证人体健康的重要内容之一。

通过系统的体育锻炼，随着锻炼者体质的增强，热量消耗便随之增加，进而燃烧掉体内多余的脂肪，使身体成分得到改善。而身体成分的改善，又可以减少体重对关节可能带来的不利影响，还可以使肥胖者的心理状况得到改善，增强其自信心，使其逐步建立起健康的生活方式。

心理价值

研究证明，有规律的体育锻炼不但可以使锻炼者增强体质、促进身体健康、预防一些慢性疾病，还可以提高锻炼者的生活满意度和生活质量，对其心理健康产生积极影响。

体育锻炼的心理健康效应主要表现在六个方面：

改善情绪状态

短期效应

研究发现，体育锻炼对人的情绪状态具有显著的短期效应。运动后人们的焦虑、抑郁、紧张和心理紊乱等症状会明显减轻，而精力和愉快程度则明显增强。而且这种情绪的迅速变化，与锻炼者个体的健康状况、活动形式和活动强度等有着直接的联系。

长期效应

体育锻炼对人情绪的长期效应有着直接的影响，与不锻炼者相比,有规律的锻炼者在较长时期内很少会产生焦虑、抑郁、紧张和心理紊乱等情绪。

完善个性行为特征 见表 2-2-1

人们的行为特征一般可以分为两种类型，用 A 型行为特征和 B 型行为特征来表示。A 型行为特征主要表现为性情急躁、争强好胜、容易激动、整天忙碌和做事效率高等。B 型行为特征主要表现为不好竞争、不易紧张、不赶时间、对人随和、喜欢自由自在等。具有 A 型行为特征的人由于过度紧张的情绪反应，会引起内分泌失调，增加心脏病发病的概率。目前的一些研究主要集中在体育锻炼对改变 A 型行为特征的作用方面。研究结果表明，有规律的体育锻炼能明显改变 A 型行为特征。

表 2-2-1 A、B 型个性行为特征常见表现

A 型行为特征者常见表现	B 型行为特征者常见表现
约会从来不迟到	对约会很随便
竞争意识很强	竞争意识不强
别人要讲话时总爱抢先或插话	是别人讲话时很好的听众
总是匆匆忙忙	即使有压力也从不匆忙
等待时缺乏耐心	能够耐心等待
干事时全力以赴	处事漫不经心
同时想干很多事	在一段时间里只干一件事情
讲话喜欢用加强语气,甚至敲桌子	讲话语速缓慢、不慌不忙
做了好事希望能得到别人的认可	只要自己满意即可,不管别人怎样想
吃饭、走路都很快	做事情很慢
不善与人相处	为人随和
容易暴露自己的感情	能控制自己的感情
具有广泛的兴趣	没什么业余爱好
雄心壮志	满足于目前的工作和学习状况

确立良好自我概念

自我概念是指个体对自己身体、思想和情感的主观整体评价，它由许多自我认识组成，包括我是什么人、我主张什么和我喜欢什么等。

坚持体育锻炼，可以使锻炼者体格强健、精力充沛、提高驾驭身体的能力，从而改善对自身的满意程度，确立良好的自我概念。

改变睡眠模式

根据脑电图的显示，人的睡眠可以分为两种状态，即慢波睡眠状态和快波睡眠状态。前者为浅度睡眠状态，后者为深度睡眠状态。一夜之间两种睡眠状态会交替发生 4～5 次。

有规律的体育锻炼不仅对慢波睡眠有促进作用，而且能缩短入眠的潜伏期，并延长睡眠的时间。

改善认知能力

体育锻炼还能改善人的认知过程，避免反应时间过长、注意力不集中和思维混乱等症状的发生，尤其对老年人的认知能力改善效果更为明显。

增加心理治疗效应

体育锻炼被公认为是一种心理治疗的好方法。目前人群中常见的心理疾患是抑郁症和焦虑症。研究发现，体育锻炼是治疗抑郁症的有效手段之一，抑郁症患者经过有规律的体育锻炼，抑郁症状能明显减轻。

体育锻炼还具有治疗焦虑症的作用，通过有规律的体育锻炼，可以使锻炼者的焦虑症状明显改善。

第三节

运动保护

在运动过程中，人体机能会随时发生变化。因此，应针对这种机能变化的特点来进行体育锻炼，也就是我们所说的运动保护。运动保护一般包括运动前准备、运动后放松和自我养护三个方面。

运动前准备

准备活动是指在正式运动之前进行的有目的的身体练习。做好充分的准备活动，可以缩短机体进入最佳状态的时间，同时还可以预防运动损伤的发生，为机体发挥最大的工作效率做好功能上的准备。

准备活动的作用

提高中枢神经系统兴奋状态

(1)使大脑反应速度加快，参加活动的运动中枢神经相互协调。

(2)为正式运动时生理机能达到适宜程度提前做好准备。

提高机体代谢水平

(1)准备活动可以使锻炼者体温升高，降低肌肉黏滞性，使肌肉的伸展性、柔韧性和弹性增强，从而有效预防运动损伤的发生。

(2)准备活动可以增强体内代谢酶的活性，使物质代谢水平提高，以保证运动时有较充分的能量供应。

克服内脏器官生理惰性

(1)准备活动可以提高心血管系统和呼吸系统的机能水平，使肺通气量及心血输出量增加。

(2)可以使心肌和骨骼肌的毛细血管扩张，使其工作肌获得更多的氧，从而克服内脏器官的生理惰性，使之尽快达到最佳状态。

增加皮肤毛细血管血流量

准备活动可以使皮肤毛细血管的血流量增加，运动后毛细血管扩张，有利于散热，降低体温，有效防止开始正式活动时由于体温过高而影响运动能力。

准备活动要求

准备活动时间

(1)准备活动的时间可以根据运动项目的具体情况确定，一般以10～30分钟为宜。

(2)准备活动与正式运动的间隔时间，一般以不超过15分钟为宜，可以在做完准备活动后立刻进行正式运动。

准备活动强度

(1)准备活动的强度和量应较正式运动小，以免引起不必要的疲劳。

(2)准备活动的量可以由心率来决定，心率以100～120次/分为宜。

准备活动内容

一般性准备活动

一般性准备活动的内容多以伸展运动开始，然后进行一般性的跑步、徒手体操等活动。

下面介绍一套常用的一般性准备活动操，供锻炼者运动前使用。这套活动操主要包括头部运动、肩部运动、扩胸运动、体侧运动、体转运动、髋部运动和踢腿运动等。

图2-3-1

头部运动

头部运动的动作方法(见图 2-3-1)：两手叉腰，两脚左右开立，做头部向前、向后、向左、向右，以及绕环运动。

肩部运动

肩部运动的动作方法(见图 2-3-2)：手扶肩部，屈臂向前、向后绕环，以及直臂绕环。

图 2-3-2

扩胸运动

扩胸运动的动作方法(见图 2-3-3)：屈臂向后振动及直臂向后振动。

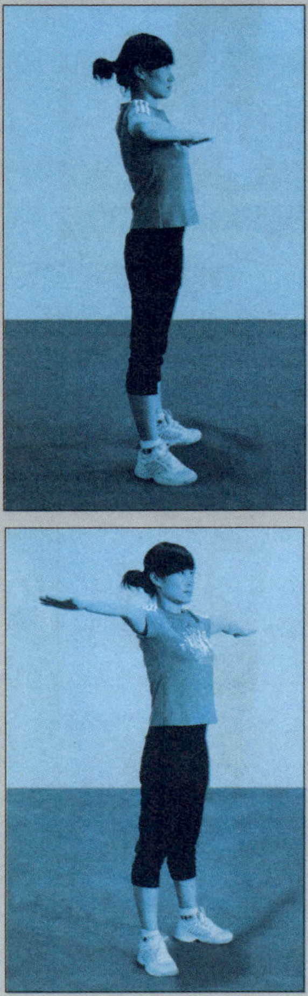

图 2-3-3

体侧运动

体侧运动的动作方法(见图 2-3-4)：两脚左右开立，一手叉腰，另一臂上举，并随上体向对侧振动。

体转运动

体转运动的动作方法(见图 2-3-5)：两脚左右开立，两臂体前屈，身体向左、向右有节奏地扭转。

髋部运动

髋部运动的动作方法(见图 2-3-6)：两脚左右开立，两手叉腰，髋关节放松，向左、向右 360 度旋转。

踢腿运动

踢腿运动的动作方法(见图 2-3-7):两臂上举后振，同时一腿向后半步，重心置于前腿，两臂下摆后振，同时向前上方踢腿。

图 2-3-4

图 2-3-5

图 2-3-6

图 2-3-7

专门性准备活动

专门性准备活动的动作方法、节奏和强度等与正式锻炼相似，目的是使人体主要肌群在运动前得到动员，为正式锻炼做好准备。

运动后放松

运动后放松是指运动之后所进行的一些能够加速机体功能恢复的、较轻松的身体活动。与运动前准备活动相反，其目的是使锻炼者的生理机能水平逐步得到恢复。

放松方法

运动性手段

(1)运动结束后，锻炼者可采用变换运动部位的方法来消除疲劳，如上肢出现疲劳时可做一些慢跑运动，下肢出现疲劳时可做一些上肢运动。

(2)转换运动类型也是一种不错的放松方法，如打羽毛球出现疲劳时，可从事瑜伽运动来达到放松的目的。

(3)还可以用调整运动强度的方法来缓解疲劳，如可以在放松过程中，采用小强度的轻微运动方法等。

整理活动 见图 2-3-8

(1)整理活动是指运动后所做的一些能够加速机体功能恢复的身体活动，如剧烈运动后进行 3～5 分钟慢跑或其他整理活动，使身体机能得以恢复。

(2)剧烈运动后如不做整理活动而骤然停止动作，会影响氧气的补充和静脉血的回流，使机体血压降低，引起不良反应。

图 2–3–8

注意事项

(1)在进行整理活动时动作应缓慢、放松，运动量不要过大，否则会引起新的疲劳。

(2)在进行整理活动时，应当保持心情舒畅、精神愉快。

自我养护

锻炼后，锻炼者感觉身体疲劳是一种正常的生理现象，是体育锻炼过程中的正常反应，随着体育锻炼时间的延长，疲劳症状会自然消失。运动性疲劳出现后，锻炼者如果采用一些自我养护措施，可以加速身体机能的恢复，尽快消除疲劳，提高锻炼效果。常见的自我养护方法主要包括运动后休息、合理营养和物理手段等三种。

运动后休息

静止性休息

见图 2–3–9

(1)静止性休息是指锻炼者运动后保持机体相对的静止状态，以促进身体机能的恢复，尽快消除疲劳。

(2)静止性休息的最佳方式之一是睡眠，特别是刚开始从事锻炼者，身体不适应或疲劳症状明显时，更应该保证足够的睡眠，否则，锻炼者虽然积极参加了体育锻炼，但收效甚微，甚至会导致过度疲劳症状的发生。

（3）静止性休息更适合于消除全身运动导致的整体疲劳症状。

图 2–3–9

积极性休息

见图 2–3–10

（1）积极性休息更适合由于少量肌肉群参与工作而导致的局部疲劳，或运动强度较大而导致的快速疲劳。

（2）积极性休息可以加速血液循环，有利于代谢物排出体外，对促进身体机能的恢复具有明显的效果。

图 2–3–10

合理营养

见图 2-3-11

图 2-3-11

小强度、长时间的运动形式，主要是靠糖原的有氧代谢提供能量。运动后应及时补充淀粉类食物，如面粉、大米等，以促进消耗糖原的合成。随着人民生活水平的提高，在饮食结构中，肉类食品的比重不断增加，而淀粉类食品的比重逐渐减少，这一现象应当引起人们的注意，特别是老年人参加体育锻炼，更应注意对淀粉类食物的补充。

强度较大、时间又相对较长的运动形式，主要是靠糖原的无氧代谢提供能量。这样，糖原无氧代谢产物——乳酸便会在体内大量堆积。因此，运动后应多补充蔬菜、水果等碱性食品，以加速乳酸的清除，达到尽快消除疲劳的目的。

物理手段

按摩及牵拉

见图 2-3-12

(1)通过刺激神经末梢、皮肤结缔组织和毛细血管的按摩方法，可以使紧张的肌肉得以放松，从而改善局部组织和全身的血液循环，达到促进身体机能恢复的目的，这种方法可以在锻炼后马上进行。

(2)此外，还可以采取缓慢牵拉肌肉的方法，使收缩的肌肉得到充分的伸展放松。

水疗及电疗

(1)水疗包括芬兰式蒸汽浴、热水浴和桑拿浴等多种形式，主要作用是通过提高体温，促进血液循环，清除代谢物，以达到尽快消除疲劳、恢复体力的目的。

(2)水疗的时间一般以不超过 30 分钟为宜，如果时间过长，会进一步消耗体力，严重时甚至会出现暂时性脑缺血现象。

（3)如果条件允许，还可对疲劳的肌肉进行低频治疗。低频治疗仪的原理是模拟针灸疗法，使用时将电极用不干胶对称地粘贴在运动部位表皮上。这种疗法可以促进局部血液循环，改善组织代谢，缓解肌肉酸痛，消除疲劳。

图 2-3-12

第三章　基本技术

基本技术是防身术的核心内容，包含了防卫、步法、手法、腿法、摔法、防守、肘法、膝法和解脱抗暴术。基本技术的学习与应用为人们健身防卫实践活动提供了丰富的内容，对基本技术的模仿练习与熟练掌握是人们获得防卫技能的根本途径。

第一节

防卫和步法

防卫姿势与步法技术是进行防卫实践活动的基础，是所有防卫应用技术动作的起点，是保证防卫实践效果的关键。

防卫姿势

防卫姿势是防卫准备的实战格斗姿势。它是依据人体运动规律和格斗特点，从实践经验中总结出来的。防卫姿势也是随着现代先进格斗项目、实战姿势的不断发展而不断发生变化的。防卫姿势能够使人在防卫实践中处于最小的暴露面，具有便于进攻、防守和移动的特点。只有熟练掌握正确的防卫姿势，才能使人在防卫实践中处于有利地位。

动作方法 见图 3-1-1

（1）（以右图为例）首先，两脚开立，与肩同宽，右腿垂直后退约 30 厘米，前脚内扣约 45 度，后脚约 30 度，身体右转约 25 度，双脚略提踵；

（2）膝关节略屈，保持弹性，重心落在两腿中间，收腹含胸，松肩沉肘，双手呈半握拳，前手与鼻同高，距头部约 30 厘米，右拳落于右腮侧，前臂与上臂夹角小于 60 度，下颌略收，目视前方。

图 3-1-1

技术要点

两脚不要呈一条直线，注意重心在两腿之间，身体处于放松状态。

错误纠正

（1）两脚在一条直线上。因此，应注意动作的准确性。

（2）上体前倾或后仰，两臂夹得不够紧。因此，应注意防守的严密性和紧张性。

（3）挺胸拔背，重心靠前或者靠后。因此，应注意收腹含胸，强调重心在两腿之间，使身体处于放松状态。需多练习、体会。

步法

步法技术是达到防卫实践动作效果的基础。防身术步法不同于人们一般生活中的走、跑、跳、跃等动作，而是结合防卫运动自身特点与规律派生出来的。防身术步法配合攻防动作运用，以达到良好的攻防效果。在格斗中保持身体的动态平衡，使敌我处于有效距离。武谚有云："打拳容易，走步难""先看一步走，再看一伸手""有招必有步""步动招随，招起步进"。可见，古往今来步法技术的应用是一切动作的先导。步法具有移动快速、灵活、多变的特点，防卫步法包括滑步、收步、垫步、插步、跨步和环绕步等。

滑步

前滑步

动作方法 见图 3-1-2

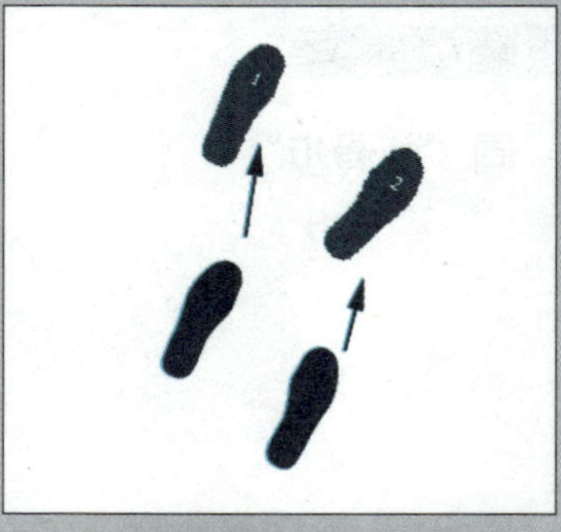

图 3-1-2

（1）由基本姿势开始，后脚掌用力蹬地，重心前移，前脚略提踵离地，向前滑行约 10 厘米；

（2）后脚随之跟进相同距离，

然后恢复到基本姿势。

技术要点

向哪个方向移动，哪只脚先动，移动速度要快，后腿迅速跟进，两脚移动距离相同，移动时保持重心平稳。

错误纠正

两脚没有先后移动，重心未随之平行移动。因此，应保持两脚行进相同距离，注意后腿的快速跟进避免拖拉现象；可先分解慢速练习，再完整练习。

后滑步

动作方法 见图 3-1-3

(1)由基本姿势开始，前腿用力向后蹬地，重心后移，后脚略提起，向后伸展滑行约 10 厘米；

(2)当后脚落地后，前脚迅速跟进相同距离，呈基本姿势。

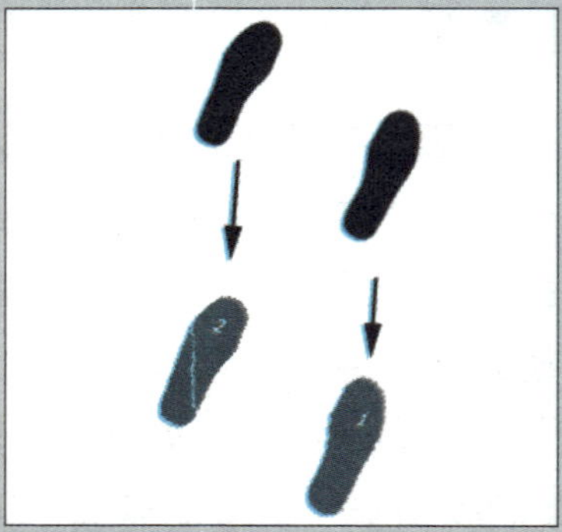

图 3-1-3

技术要点

向哪个方向移动，哪只脚就先动，移动速度要快，后腿迅速跟进，两脚移动距离相同，移动时保持重心平稳。

错误纠正

同“前滑步”。

左滑步

动作方法 见图 3-1-4

（1）由基本姿势开始，右脚蹬地，重心左移，左脚略离地面，左脚掌向左蹭出约 30 厘米；

（2）右脚随之跟进相同距离，整个动作完成后，恢复到基本姿势。

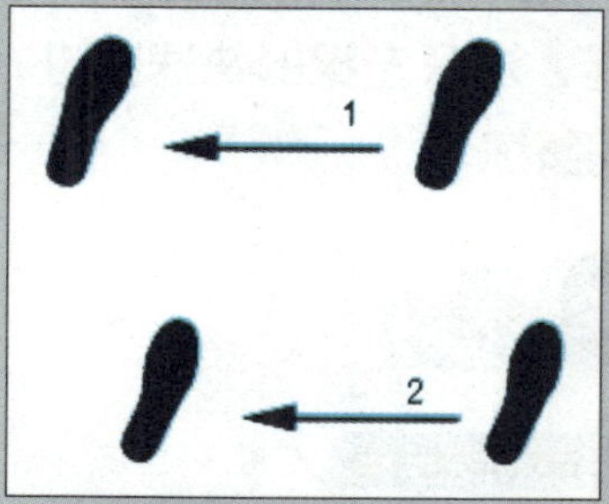

图 3-1-4

技术要点

向哪个方向动，哪只脚先动，移动速度要快，右腿迅速跟进，两脚移动距离相同、移动时保持重心平稳。

错误纠正

两脚没有先后移动，重心未随之平行移动。因此，应两脚行进相同距离，注意右腿的快速跟进避免拖拉现象。可先分解慢速练习，再完整练习。

右滑步

动作方法 见图 3-1-5

（1）由基本姿势开始，左脚蹬地，重心右移，右脚略离地面，右脚以脚前掌向右蹭出约 30 厘米；

（2）左脚随之跟进相同距离，整个动作完成后，恢复到基本姿势。

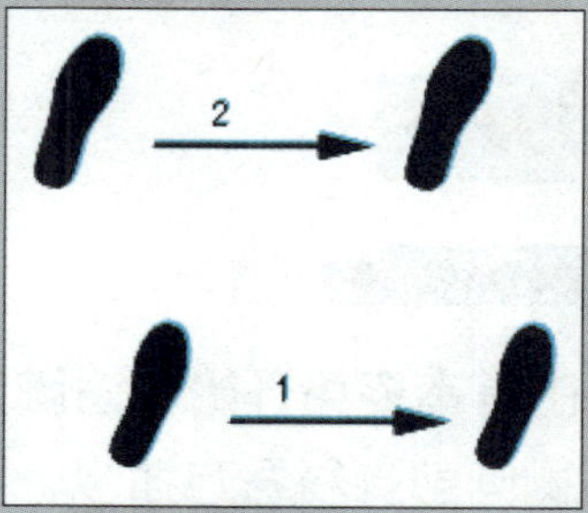

图 3-1-5

技术要点

向哪个方向动，哪只脚先动，移动速度要快，左腿迅速跟进，两脚移动距离相同，移动时保持重心平稳。

错误纠正

两脚先后移动，重心未随之平行移动。因此，应两脚行进相同距离，注意左腿的快速跟进，避免拖拉现象。可先分解慢速练习，再完整练习。

收步

动作方法 见图 3-1-6

由基本姿势开始，左脚快速收至右脚旁，前脚掌点地，重心偏重于右脚。

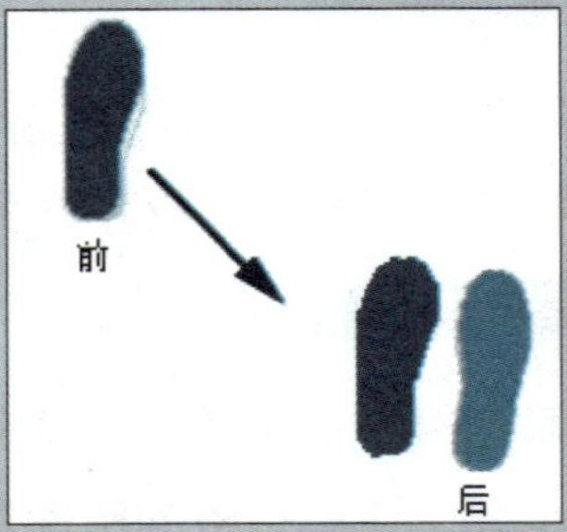

图 3-1-6

技术要点

收步要快，左脚收回后，不要紧贴右脚，要有一定距离，保持身体重心稳定。

错误纠正

前脚收步过大，重心不稳。因此，应分解练习，体会收步距离，注意重心偏重于右脚，加强练习。

插步

动作方法 见图 3-1-7

由基本姿势开始，后脚经前脚后侧向前脚斜后方插步，重心在两腿之间，两脚呈交叉状。

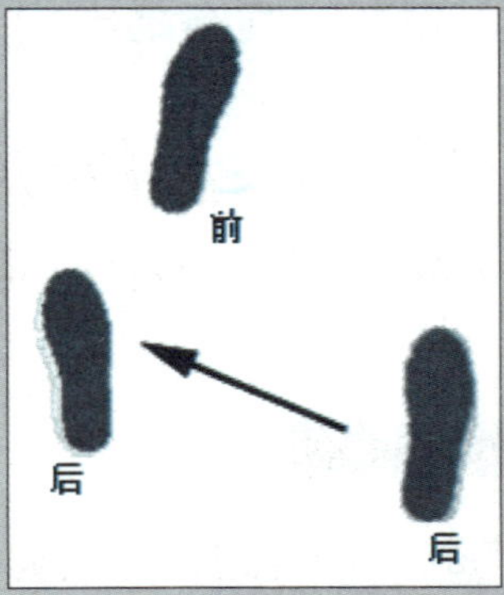

图 3-1-7

技术要点

插步要快，两脚之间横向有一定距离，注意身体重心稳定。

错误纠正

插步过慢，两脚在一条线上，重心不稳。因此，应体会动作方法、加强练习。

垫步

动作方法 见图 3-1-8

由基本姿势开始，后脚迅速向前脚后侧并拢，同时前腿屈膝抬起，重心落于后腿。

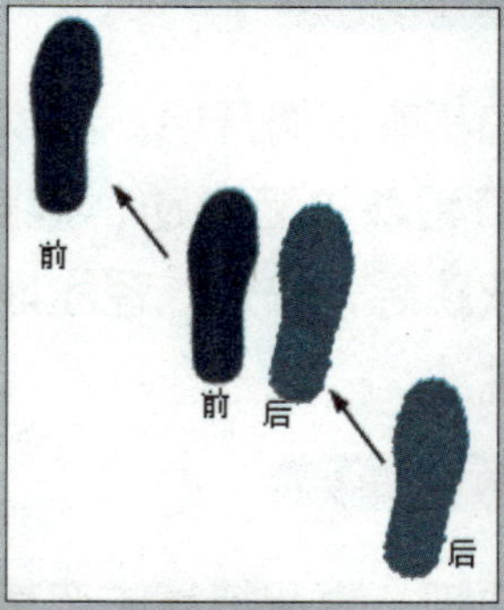

图 3-1-8

技术要点

后脚并拢要快，前腿提膝要协调、迅速。

错误纠正

并步过慢，后腿并拢和前腿提膝不协调，重心不稳。因此，应做分解练习，先练习后腿并步，再做前腿提膝练习，多体会动作方法。

跨步

动作方法 见图 3-1-9

由基本姿势开始，后脚蹬地，重心快速前移，同时前腿提膝向前跨出，后脚快速跟上。

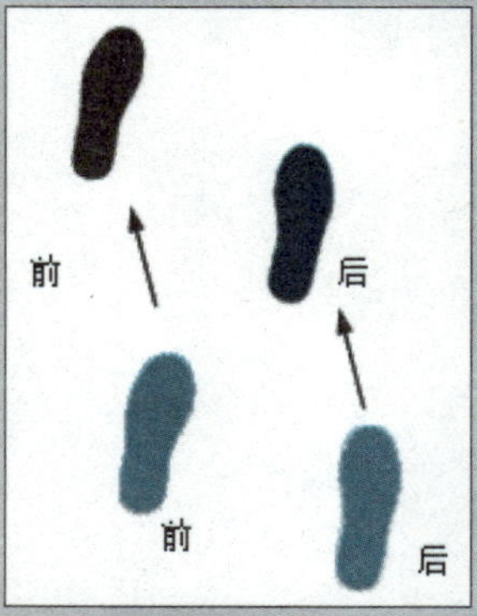

图 3-1-9

技术要点

蹬地充分，重心迅速前移，后腿迅速跟进。

错误纠正

做成“前滑步”，移动慢。因此，前进距离应比“前滑步”远，注意提膝前进，体会动作方法，加强练习。

环绕步

动作方法 见图 3-1-10

由基本姿势开始，身体放松，膝关节和踝关节弹动，双脚小幅度依次跳起，快速、轻盈地前后、左右跳动。

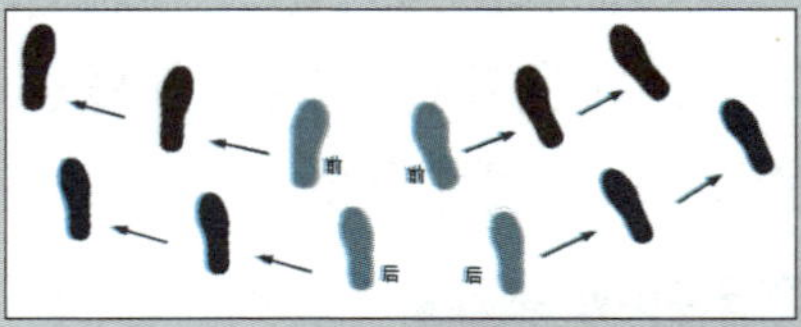

图 3-1-10

技术要点

两脚一直保持基本姿势的距离，重心上下小幅度变化，全身放松。

错误纠正

重心变化幅度过大，步法凌乱，身体过于僵硬。因此，应注意重心变化幅度，放松身体，体会动作方法，加强练习。

第二节

手法

人体的很多部位在防卫实践过程中都可以成为肢体武器。手法在防卫实践活动中最为简单、实用。手是易于掌握的人体攻防武器，具有攻防兼备、灵活便捷、杀伤力大等特点。

手臂是人体最灵活的肢体部位，具有动作快、变化多、命中率高等特点，所以拳法是防卫实践活动中应用最为广泛的技术之一。防卫中常用的拳法有直拳、勾拳、摆拳、鞭拳、弹拳和扣拳等技术。主要应用于防卫实践中短距离对要害部位的佯攻与进攻，每一个拳法进攻技术都伴随着相应的防守技法。

手形

手形是确保手法技术有效进攻的关键，它既是施力面，又是受力面，是掌握手法防卫技术的基础，包括拳、掌和指等内容。

拳

动作方法 见图 3-2-1

四指并拢卷曲握紧，拇指紧扣在食指和中指的第 2 指节上。

技术要点

拳握实、拳面平、腕挺直。

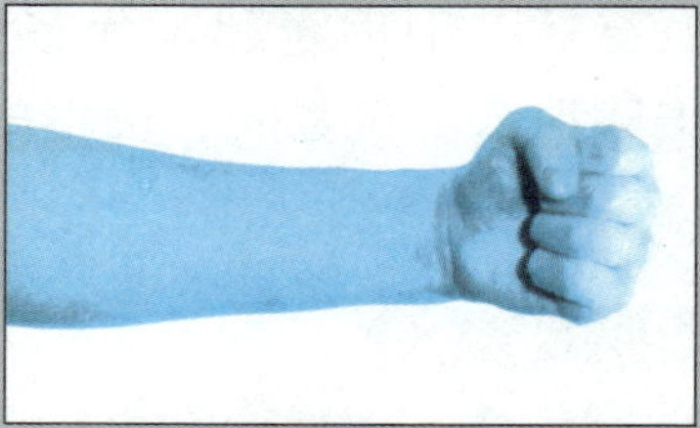

图 3-2-1

掌

动作方法 见图 3-2-2

四指伸直并拢，拇指紧扣于虎口。

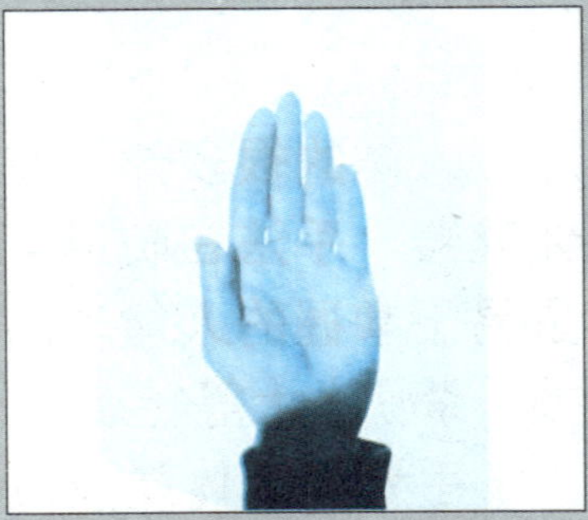
图 3-2-2

技术要点

四指并拢靠紧，掌面要平，腕挺直。

指

一指

动作方法 见图 3-2-3

食指竖起，中指、无名指、小指屈指紧握于掌心，拇指自然放松。

图 3-2-3

技术要点

食指要直，其余三指要紧握掌心。

二指

动作方法 见图 3-2-4

食指、中指竖起，无名指、小指屈指紧握于掌心，拇指自然放松。

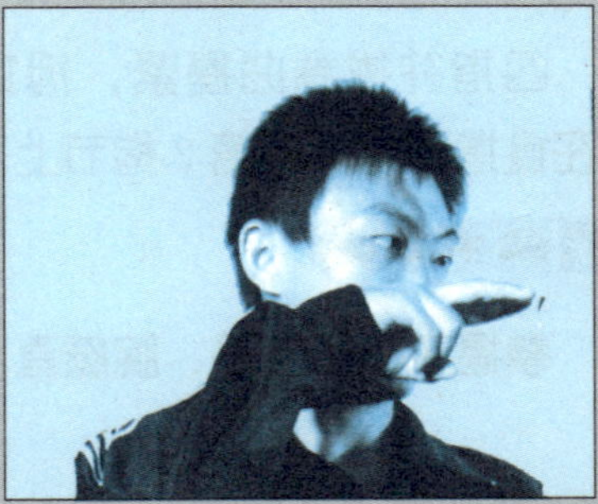
图 3-2-4

技术要点

食指、中指要竖直，其余二指要紧握于掌心。

直拳技术

直拳是防身术中使用频率较高的拳法。

前手直拳

动作方法 见图 3-2-5

（1）由基本姿势开始，前脚主动撑转，重心略前移，同时以左髋带动肩向内旋转 10 度左右；

（2）由肩带动前手臂，使前臂由屈到伸，呈直线快速向前击出；

（3）出拳时前臂内旋，力达拳面，手臂自然伸直，后手置于原来的位置，用于防守；

（4）收拳时由原路收回，恢复到基本姿势。

图 3-2-5

技术要点

（1）出拳力量来源于前脚的撑转和转腰送肩，击中目标时瞬间产生制动；

（2）出拳时肩关节的垂直线不能超越前脚踝关节；

（3）出拳时将拳突然握紧，击中后随即放松；

（4）出拳时前脚、左髋、左肩同时转动，表现身体协调用力的整体性。

错误纠正

（1）出拳时翻肘。因此，应体会拳先于肘走，不要只做手臂的屈伸动作。

(2)没有身体发力，上下脱节。因此，应体会身体协调用力，后手向后拉，右肩锁肩制动，可多做分解练习。

后手直拳

动作方法 见图 3-2-6

(1)由基本姿势开始，后脚蹬地并以脚后掌为轴向内扣转，重心略前移，随之迅速合髋、转腰、送肩；

(2)由肩带动手臂，使手臂由屈到伸，向正前方直线出拳，力达拳面；

(3)出拳同时，前拳直线收回至下颌左侧，用于防守；

(4)出拳后自然弹回，呈基本姿势。

图 3-2-6

技术要点

(1)出拳力量来源于后脚蹬地、转髋、送肩，击中目标时瞬间产生制动，表现身体协调用力的整体性；

(2)出拳时肩关节的垂直线不能超越前脚踝关节；

(3)出拳时将拳突然握紧，击中后随即放松；

(4)出拳时两肩以身体正中为轴平行转动，同时左肩配合制动。

错误纠正

(1)出拳时翻肘。因此，应体会拳先于肘走，上体切勿前倾倒肩。

(2)左肩没有制动，向后拉拳。因此，应注意蹬地合髋，身体协调发力，左肩锁肩制动，可多做分解练习。

摆拳技术

出拳时前脚撑转、转髋、送肩同时进行，表现一个身体协调用力的整体性。

前手摆拳

动作方法 见图 3-2-7

（1）从基本姿势开始，前脚撑转，身体由髋带腰向右旋转 15～20 度，同时重心略前移；

（2）前臂抬肘略与肩高，手臂与地面平行，略张肩，前拳向外侧前方伸出，上臂和前臂呈 90～135 度夹角，相对固定；

（3）髋部在旋转过程中突然制动，与张开的肩产生合力，将拳击出，拳眼向内，拳心向下，随即放松，呈基本姿势。

图 3-2-7

技术要点

（1）出拳时前臂向外的展臂幅度不要过大，出拳后大臂、小臂角度固定；

（2）出拳时大臂、小臂与地面平行，手臂不要紧张发力；

（3）出拳时两肩平行转动，拳到身体正中延长线时制动，击中后随即放松。

错误纠正

（1）动作幅度过大。因此，应注意出拳幅度要小，拳打到身体正中的延长线时制动。

（2）手臂没有与地面平行，小臂有向回鞭打动作。因此，应注意手臂的角度要固定，身体协调发力，可先分解练习，再完整练习。

后手摆拳

动作方法 见图 3-2-8

（1）从基本姿势开始，后脚蹬地扣膝，身体由髋带腰向左旋转 15～20 度，同时重心略前移；

（2）前臂收至下颌左侧用于防守，后手拳向外侧前方伸出，上臂和前臂呈 90～135 度夹角，相对固定；

（3）髋部在旋转过程中突然制动，与张开的肩产生合力，将拳击出，拳眼向内，拳心向下，而后随即放松，呈基本姿势。

图 3-2-8

技术要点

（1）出拳时前臂向外的展臂幅度不要过大，出拳后大臂、小臂角度固定；

（2）出拳时大臂、小臂与地面平行，手臂不要紧张发力；

（3）出拳到身体正中延长线时，将拳突然握紧发力，击中后随即放松。

错误纠正

同“前手摆拳”。

勾拳技术

勾拳分前手勾拳和后手勾拳，动作要求是：勾拳迅猛，发力短足。

前手勾拳

动作方法 见图 3-2-9

(1)由基本姿势开始，上体略向外、向下转动，前腿略屈，前手臂收回轻贴于左肋部，前手拳自然置于左面颊外侧，重心偏于前腿；

(2)上动不停，前脚蹬地，扣膝合髋，前手拳随转腰动作向前上方击出，出拳臂夹角根据所击距离调整，拳心向内，略内扣；

(3)出拳到口鼻高度随即制动，肩部有鞭打动作，产生短促发力；

(4)拳从原路收回，呈基本姿势。

图 3-2-9

技术要点

(1)出拳力量来源于前脚蹬地和转腰送肩；

(2)出拳时大臂与小臂角度固定，手臂不要紧张发力；

(3)出拳时注意肩部鞭打，拳到身体正中口鼻高度制动，击中后随即放松；

(4)出拳时身体略向左转动。

错误纠正

(1)出拳幅度过大。因此，应注意身体协调发力。

(2)出拳后没有制动动作。因此，应注意出拳到口鼻这个高度时制动，避免重心上扬，同时注意收腹含胸。可先分解练习，再完整练习。

后手勾拳

动作方法 见图 3-2-10

（1）由基本姿势开始，上体略向后向下转动，重心略降低；

（2）后脚蹬地扣膝，合髋，送肩，肩带动手臂向上出拳，拳心向内，重心随之前移；

（3）拳到口鼻高度后肩部有鞭打动作，随之制动，力达拳面；

（4）出拳后肩部放松，出拳臂借回降之力收回，呈基本姿势。

图 3-2-10

技术要点

（1）出拳时后脚蹬地、转脚、转髋、送肩，出拳力量来源于后脚蹬转和转腰送肩；

（2）出拳时大臂与小臂角度固定，手臂不要紧张发力；

（3）出拳到身体正中口鼻高度时制动，击中后随即放松；

（4）出拳时不要挺胸拔背。

错误纠正

同“前手勾拳”。

弹拳

弹拳要求出拳快速，动作准确。

动作方法 见图 3-2-11

（1）由基本姿势开始，前臂由屈到伸，以肘关节为轴向前弹出，力达拳背；

（2）出拳后随即放松，呈基本姿势。

技术要点

出拳时应大臂带动小臂发力，快打快收。

错误纠正

出拳时幅度过大，有引拳动作。因此，应注意出拳幅度，体会动作方法，不要有引拳动作。

图 3-2-11

转身摆拳

掌握这一技术要注意重心一定要稳。

动作方法 见图 3-2-12

(1)由基本姿势开始，前脚内扣，转头转肩，重心前移；

(2)同时后脚提腿、屈膝横向摆出，右手臂由屈迅速展开，向斜下扫出，拳心向下。

技术要点

(1)动作协调放松，出拳应快速有力；

(2)身体要配合好手臂转动和制动，先转头转肩。

错误纠正

(1)出拳时动作幅度过大。因此，应注意身体协调发力。

(2)出拳时没有运用身体的力量，没有控制好身体的平衡。因此，应多练习，正确领会动作方法，纠正错误。

(3)没有先转头转肩。因此，应强化技术要点训练。

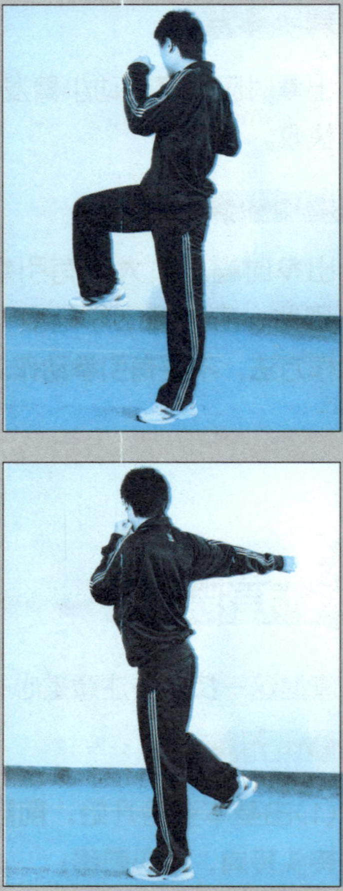

图 3-2-12

抛物拳

掌握此动作要注意动作协调。

动作方法 见图 3-2-13

(1)由基本姿势开始，后脚蹬地扣膝合髋，身体左转，右臂肘关节外翻、外展、内旋，拳眼向内，呈抛物线型；

(2)由上向下击出，力达拳面。

技术要点

动作协调放松，幅度要小，身体要配合手臂转动和制动。

错误纠正

避免抛物拳做成下砸拳和下劈拳。因此，应多练习，领会正确的动作方法，纠正错误，强化技术要点训练。

图 3-2-13

第三节 腿法

腿法是在防卫实践活动中应用较为广泛的技术之一。腿是十分重要的肢体武器。腿是人体最长且灵活粗壮的肢体部位，具有动作快、变化多、力量大等特点。武谚有云：“手是两扇门，全凭脚打人。”在防卫实践中常用的腿法有弹踢腿、蹬腿、侧弹踢、勾踢腿、侧踢腿、摆腿和扫腿等技术。主要应用于防卫实践中远距离对人体要害部位的佯攻与进攻，每一个腿法进攻技术都有相应的防守技法。

弹踢腿技术

弹踢腿技术分前腿弹踢和后腿弹踢，动作要点是大腿带动小腿。

前腿弹踢

动作方法 见图 3-3-1

(1)基本姿势站好，前脚提膝，大小腿折叠，脚面绷直；

(2)大腿带动小腿向上摆动，大腿制动，小腿向上鞭打弹出；

(3)踢完迅速收回，还原呈基本姿势。

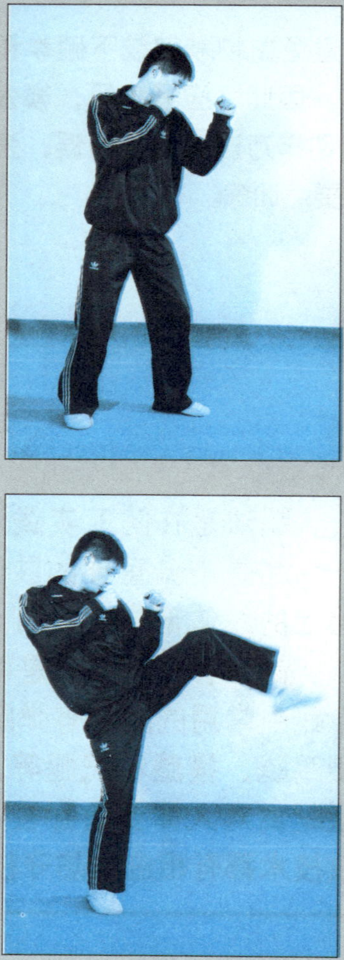

图 3-3-1

技术要点

动作协调、放松，快速有力，大小腿折叠，大腿带动小腿，注意大腿制动。

错误纠正

(1)站立不稳。因此，应体会身体协调发力。

(2)直腿时没有大腿带动小腿的向上鞭打动作。因此，应多做练习，仔细体会大腿带动小腿的鞭打动作。

后腿弹踢

动作方法 见图 3-3-2

（1）基本姿势站好，后脚蹬地提膝；

（2）大小腿折叠，脚面绷直，大腿带动小腿向上摆动；

（3）大腿制动，小腿向上鞭打弹出，踢完迅速收回，还原呈基本姿势。

技术要点

动作协调、放松，快速有力，大小腿折叠，大腿带动小腿，注意大腿制动。

错误纠正

同“前腿弹踢”。

图 3-3-2

蹬腿

蹬腿技术主要有前腿正蹬和后腿正蹬，练习时要注意胯部动作与身体动作的协调性。

前腿正蹬

动作方法 见图 3-3-3

（1）由基本姿势开始，身体重心移至右腿，右膝略屈；

（2）左腿提膝上抬，脚尖勾起；

（3）随即左腿伸膝，以脚跟领先向前方蹬出，送胯发力，力达脚跟；

（4）击出后原路收回，呈基本姿势。

技术要点

提膝要超过自己的腰部，出腿不能向下踏，注意送胯发力。

错误纠正

（1）身体不协调，站立不稳，有下踏动作，没有送胯动作。因此，应先分解做提膝练习，再做送胯练习，仔细体会送胯动作，注意身体协调发力。

（2）身体后仰严重。因此，应扶墙练习并体会动作方法。

图 3-3-3

后腿正蹬

动作方法 见图 3-3-4

(1)由基本姿势开始，身体重心移至左腿，后脚蹬地，左膝略屈，右腿提膝上抬，脚尖勾起；

(2)随即右腿伸膝，以脚跟领先向前方蹬出，送胯发力，力达脚跟；

(3)击出后原路收回，呈基本姿势。

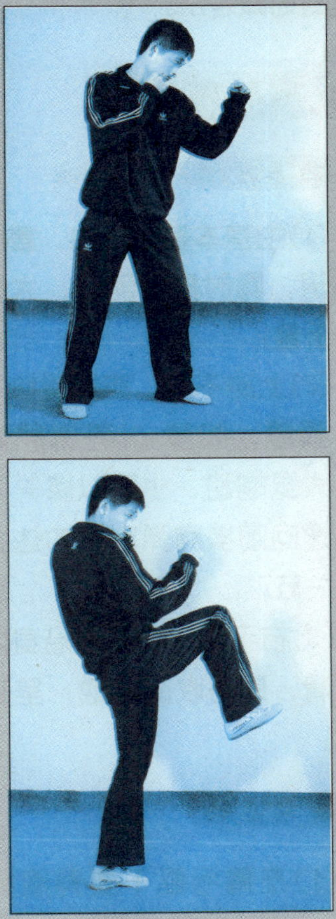

图 3-3-4

技术要点

(1)后脚蹬地迅速有力，提膝要超过自己的腰部；

(2)出腿不能向下踏；

(3)送胯时上体不可后仰太多，以免减少打击能力。

错误纠正

同“前腿正蹬”。

侧弹踢

侧弹踢技术包括前腿侧弹踢和后腿侧弹踢，练习时注意掌握两动作的细微差别。

前腿侧弹踢

动作方法 见图 3-3-5

（1）由基本姿势开始，重心移至后腿，同时提膝前顶，大小腿充分折叠；

（2）上动不停，支撑腿快速转脚，顶髋，扣膝， 左臂屈臂后带，大腿制动，小腿以膝关节为轴迅速向前横向弹出，力达脚背或踝关节；

（3）右手防守，左臂沿身体屈臂下滑，最后收腿落地，呈基本姿势。

图 3-3-5

技术要点

（1）左臂与躯干要有旋拧制动；

（2）转体、转脚、合胯、扣膝、弹腿发力要连贯；

（3）上体不要严重后仰，注意支撑腿转脚；

（4）动作要快速有力，重心不能起伏。

错误纠正

(1)脚背放松，没有展髋、扣膝动作。因此，应先分解练习体会提膝、展髋动作，再进行完整练习。

(2)身体重心不稳，上体后仰严重，力点不准。因此，应扶墙按动作方法多做练习。

(3)身体没有协调发力，只是大小腿弹踢动作。因此，应多踢脚靶沙包，体会身体协调发力要领。

后腿侧弹踢

动作方法 见图 3-3-6

(1)由基本姿势开始，后脚蹬地重心前移至支撑腿，大小腿充分折叠，同时提膝前顶；

(2)上动不停，支撑腿快速转脚，身体旋转 180 度，顶髋、扣膝，前臂收至下颌左侧，右臂屈臂后带；

(3)大腿制动，小腿以膝关节为轴迅速向前横向弹出，力达脚背或踝关节；

(4)左手防守，右手沿上体屈臂下滑，最后收腿落地，呈基本姿势。

图 3-3-6

技术要点

(1)右臂与躯干要有旋拧制动，上体不要严重后仰；

(2)后脚蹬地提膝要快速有力；

(3)转体、转脚、合胯、扣膝、弹腿发力要连贯；

(4)动作要快速有力，重心不能起伏。

错误纠正

同“前腿侧弹踢”。

勾踢腿技术

勾踢腿技术包括左勾踢和右勾踢。

左勾踢

动作方法 见图 3-3-7

(1)基本姿势开始，重心前移至右腿，左腿膝关节快速提起，勾起脚尖，脚呈勾状；

(2)支撑腿转脚同时，勾踢对方踝关节，使其一腿离地，失去平衡，再施行打击；

(3)做动作时两手防守。

技术要点

提膝屈踝，重心要稳，发力要协调。

错误纠正

有预摆，幅度大，脚踝放松。因此，应多做两人配合练习，体会动作路线、力点和用力顺序。

图 3-3-7

右勾踢

动作方法 见图 3-3-8

(1)由基本姿势开始，后脚迅速蹬地，重心前移至左腿，右腿膝关节快速提起，踝关节弯曲，呈勾状；

(2)支撑腿转脚同时，勾踢对方踝关节，使其一腿离地，失去平衡；

(3)做动作时两手防守。

图 3-3-8

技术要点

提膝屈踝，重心要稳，发力要协调。

错误纠正

同“左勾踢”。

侧踹腿技术

侧踹腿技术包括前腿侧踹和转身侧踹。练习时注意重心的变化。

前腿侧踹

动作方法 见图 3-3-9

(1)由基本姿势开始，身体重心移至右腿，右膝略屈；

(2)左腿屈膝上提至胸前，随即髋右转、小腿外翻，高与大腿平，脚尖勾起，脚掌正对前方；

(3)右脚跟内转，上体略向右倾同时，左脚展髋、伸膝，向前踹出，力达脚掌；

(4)按原路收回，呈基本姿势。

技术要点

(1)身体、腿部与进攻的目标呈一条直线，踹击时一定要以大腿带动小腿，直线向前展髋发力；

(2)动作协调、放松、迅猛有力。

错误纠正

(1)没有蹬地、伸膝、展髋发力。因此，应体会动作方法，由慢到快。

(2)上体和下肢不呈一直线，上体倾斜严重。因此，应手扶墙先做分解练习，再做完整练习。

图 3-3-9

转身侧踹

动作方法 见图 3-3-10

（1）由基本姿势开始，前脚脚尖内扣，重心前移；

（2）同时提膝，身体开始向后转动，转体时头部领先于躯干，大腿与地面平行；

（3）腿由屈向伸用力射出，力达前脚掌，然后收腿落地，呈基本姿势。

图 3-3-10

技术要点

转身要快，先转头，动作协调、放松、迅猛有力。

错误纠正

（1）动作幅度过大，动作不协调。因此，应先分解练习，再完整练习。

（2）平衡性不好，转体速度慢。因此，应认真体会转体动作。

（3）出腿时没有运用身体重心的力量。因此，应正确领会动作方法，强化技术要点训练。

摆腿技术

摆腿技术包括前摆腿和后摆腿。练习时，注意扫摆的力量。

前摆腿

动作方法 见图 3-3-11

(1)由基本姿势开始，重心后移至支撑腿；

(2)前腿提膝，呈小弧度向上摆起，边摆腿边展开，将腿摆至一定高度；

(3)同时转脚、转髋、横向摆击，力达足跟或脚掌，然后收腿落地，呈基本姿势。

技术要点

动作协调、放松、迅猛有力。

错误纠正

身体不协调，扫摆无力，打击不到位。因此，应多练习击打沙包来体会动作方法。

图 3-3-11

后摆腿

动作方法 见图 3-3-12

(1)由基本姿势开始，以前脚掌为轴，脚尖内扣并转脚，同时提膝，身体配合向后转动，转动时头部先于躯干；

（2）当腿旋转约180度时，展腿展髋，横向摆踢目标，力达脚跟或脚掌，然后收腿落地，呈基本姿势。

图 3-3-12

技术要点

动作协调放松，幅度一定要小，身体要配合手臂转动和制动，头部转动先于躯干。

错误纠正

摆腿时动作幅度过大，转体时没有运用身体的力量。因此，应正确领会动作方法，注意转体时以头领先，多练习，纠正错误，强化技术要点训练。

扫腿

扫腿包括前扫腿和后扫腿。

前扫腿

动作方法 见图 3-3-13

（1）身体重心移至左腿，左脚尖外展，屈膝全蹲；

（2）后腿伸直，脚掌内扣；

（3）以左脚掌为轴，以腰向左带动右腿，向前、向左扫转一周，力达脚内侧近踝处。

技术要点

重心下移要快，身体协调用力。

错误纠正

扫转时腿弯屈，扫腿无力，脚掌离地，重心不稳，动作不连贯，身体不协调。因此，应多练习，正确领会动作方法，注意技术要点。

图 3-3-13

后扫腿

动作方法 见图 3-3-14

(1)身体重心移至左腿，左脚尖内扣，左腿屈膝全蹲；

(2)右腿伸直，脚掌着地，突然伏身，双手扶地；

(3)同时以左前脚掌为轴，以腰带动右腿，直腿向右、向后扫转一周，力达脚跟至小腿下端后面。

图 3-3-14

技术要点

重心下移要快，身体协调用力。

错误纠正

伏身与转体不连贯，扫腿时没有运用腰力，身体不协调。因此，应正确领会动作方法，注意技术要点。

第四节 摔法

摔法是在整个防卫实践活动中不可缺少的近身格斗内容。一方面可以快速有效制敌，另一方面可以最大限度地规避防卫格斗中风险与损失。武谚素有“远踢近打贴身摔”“三年把式不如当年跤”之说。在防卫实践中常用的摔法有抱腿摔、夹腿摔、抄腿摔、接腿摔、贴身摔等技术，主要应用于防卫实践中的近身格斗。每一个摔法攻防技术都有相应的防摔与反摔方法。

抱腿摔

抱腿摔是防卫摔法中较为实用的一种技术。分为抱单腿摔和抱双腿摔两种形式。通常在对方欲向我方发动拳法进攻或实施拳法攻击时，我方所采用的下潜摔法。运用掀底方法致使倒地的技术。在防卫中运用抱腿摔时要求洞察先机、下潜果断、进身要快、掏抱要紧、施摔自然、协调发力、一气呵成。

抱单腿转压摔

动作方法 见图 3-4-1

(1)双方由基本姿势开始，对方用拳法攻击我方头部，我方立即向下潜闪；

（2）上体靠近对方，肩部顶住对方大腿，前脚插在对方两腿之间，左手抱住对方大腿，右手向内击打对方小腿后侧，双手顺势将对方前腿抱起，右脚向后撤步；

（3）同时向右、向后转体，左肩用力向下、向后压，使对方失去重心摔倒。

图 3-4-1

技术要点

下潜抱腿要快速准确，抱腿要紧，撤步、转体、转压要连贯协调。

错误纠正

（1）下潜时重心没有完全跟上。因此，应多练习下潜抱腿动作。

（2）下潜时没有靠近对方，抱腿不紧，动作不连贯。因此，应注意身体协调用力，可两人配合练习，体会抱腿、撤步、转压动作要连贯协调。

抱单腿手别摔

动作方法 见图 3-4-2

（1）双方由基本姿势开始，对方用直拳进攻，我方立即下潜；

（2）上体靠近对方，肩部顶住对方大腿，前脚插在对方两腿之间，右手抱住对方大腿，左手向内击打对方小腿后侧，双手顺势将对方前腿抱起，左手臂由对方裆下穿过，别夹膝窝；

（3）同时右手抱对方左小腿向右转体，使对方摔倒。

图 3-4-2

技术要点

下潜抱腿要快、准、紧，抱腿、转体、手别要连贯，发力要协调有力，一气呵成。

错误纠正

（1）下潜时重心没有完全跟上。因此，应多练习下潜抱腿动作。

（2）下潜时没有靠近对方，抱腿不紧，动作不连贯。因此，应注意身体协调用力，可两人配合练习，抱腿、撤步、转压动作连贯协调。

（3）别腿时上体没有转动。因此，应发挥腰部力量，转动上体。

抱单腿腿别摔

动作方法 见图 3-4-3

（1）双方由基本姿势开始，对方用直拳进攻，我方立即下潜；

（2）上体靠近对方，肩部顶住对方大腿，前脚插在对方两腿之间，左手抱住对方大腿，右手向内击打对方小腿后侧，双手顺势将对方前腿抱起，并向对方的支撑腿后侧上左步；

（3）上体右转，用左腿别对方左腿，同时用肩下压对方腿，使对方摔倒。

技术要点

(1)抄腿要准、紧，动作要协调连贯，一气呵成；

(2)下潜抱腿要快速准确，抱腿要紧，别腿转体要协调。

错误纠正

(1)下潜时重心没有完全跟上。因此，应多练习下潜抱腿动作。

(2)下潜时没有靠近对方，抱腿不紧，转体、别腿动作不连贯，应注意身体协调用力。因此，应两人配合练习，体会抱腿、转体、别腿动作的连贯协调。

(3)别腿时上体没有转动。因此，应发挥腰部力量、转动上体。

图 3-4-3

抱双腿前顶摔

动作方法 见图 3-4-4

(1)双方由基本姿势开始，对方用直拳进攻，我方立即下潜，上体靠近对方，肩部顶住对方大腿，前脚插在对方两腿之间，双手抱住对方两腿后侧；

(2)两脚蹬地、挺身将对方抱起，曲肘，两手用力回拉，同时用左肩前顶对方大腿或腹部，将对方摔倒。

技术要点

下潜快，抱腿紧，两臂后撤，顶肩有力。

图 3-4-4

错误纠正

（1）下潜慢，没有靠近对方，抱腿不紧。因此，应多练习下潜抱腿动作。

（2）重心没有完全跟上。抱腿、前顶不连贯。因此，应注意身体协调用力。

夹腿摔

夹腿摔是防卫摔法中较为实用的一种技术。夹腿是接腿的动作，分为正夹和侧夹两种形式。通常在对方以后腿低位侧弹踢攻击我方大腿外侧时使用，我方利用手臂和大腿将其攻击腿夹住后而施展摔法的技术。在防卫中运用夹腿摔时，要求洞察先机、进步及时、夹打果断、掏抱要紧、施摔自然、协调发力、一气呵成。

夹腿打腿摔

动作方法 见图 3-4-5

（1）当对方用后低鞭腿向我方大腿外侧击来时，我方迅速上步、外撑，抵住对方胫部，用前手内合夹住对方后腿；

（2）同时出后摆拳攻击对方头部，随后搂住对方颈部，上右脚打对方支撑腿，使其失去平衡倒地。

技术要点

夹腿、出拳要同时进行，整个动作协调连贯，注意上步打腿要快，上步时要低头含胸。

图 3-4-5

错误纠正

(1)夹腿时没有上步外撑。因此，应分解练习体会上步外撑。

(2)夹腿和出拳没有同时进行。因此，应保持动作协调。

(3)上步时挺胸拔背，整个动作不协调连贯。因此，应进行完整练习来体会动作方法。

夹腿勾踢摔

动作方法 见图 3-4-6

(1)当对方用后低鞭腿向我方大腿外侧击来时，我方迅速上步、外撑，抵住对方胫部，用前手内合夹住对方后腿；

(2)同时出后手直拳攻击对方头部，随即从对方右肩上穿过，下压其颈部回带，同时左手抱腿上提，右脚向前勾踢对方支撑腿踝关节处，使其失去平衡倒地。

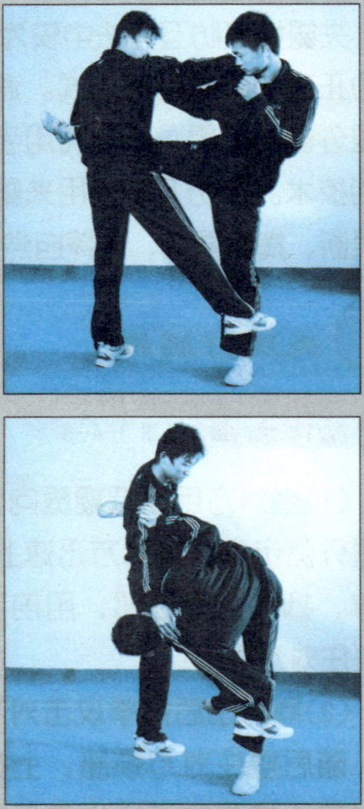

图 3-4-6

技术要点

(1)夹腿出拳要同时进行，侧夹腿准确，上提、压颈、勾踢协调一致；

(2)上步时要低头含胸。

错误纠正

(1)夹腿时没有上步外撑。因此，应分解练习体会上步外撑。

(2)夹腿和出拳没有同时进行。因此，应保持动作协调。

(3)上步时挺胸拔背，整个动作不协调连贯。因此，应完整练习，压颈、勾踢要快，仔细体会动作方法。

抄腿摔

抄腿摔是防卫摔法中较为常见且实用的一种技术。抄腿是接腿的动作，分为里抄抱和外抄抱两种形式。在防卫姿势状态下，身体正面发生抄腿动作为里抄抱，身体背面发生抄腿动作为外抄抱。里外抄抱根据左、右手抄抱不同运用摔法也不相同。通常在对方以前、后腿中位侧弹踢攻击我方躯干时使用，我方利用手臂将其攻击腿抄抱于胸前，施展摔法的技术。在防卫中运用抄腿摔时，要求洞察先机、进步及时、抄抱果断、锁抱要紧、施摔自然、协调发力、一气呵成。

抄腿腿别摔

动作方法 见图 3-4-7

(1)当对方用前鞭腿攻击我方肋部时，我方迅速双手合扣，抄抱住对方进攻腿；

(2)顺势将前腿插入对方支撑腿后侧，上体向右后方转体，同时下压对方左腿，将对方摔倒。

技术要点

抄腿要准确，抱腿要紧，动作要协调连贯，一气呵成。

错误纠正

（1）抄腿不准，抱腿不紧。因此，应多做抄腿转体分解练习。

（2）别腿动作不协调连贯。因此，应完整练习抄腿、转体、别腿，且要动作连贯协调。

图 3-4-7

抄腿搂腿摔

动作方法 见图 3-4-8

当对方用前鞭腿攻击我方肋部时，我方迅速双手合扣，抄抱住对方进攻腿，顺势用左手搂其支撑腿，将对方摔倒。

技术要点

抄腿要准确，抱腿要紧，动作要协调连贯，一气呵成。

错误纠正

（1）抄腿不准，抱腿不紧。因此，应分解多做练习。

（2）抄腿、搂腿动作不协调连贯，导致无法摔倒对方。因此，应完整练习抄腿、搂腿动作，且要连贯协调。

图 3-4-8

抄腿上托摔

动作方法 见图 3-4-9

（1）当对方用后鞭腿攻击我方肋部时，我方迅速双手合扣，抄抱住对方进攻腿；

（2）同时迅速向前上步，猛力将对方抄抱腿向上托抬，将对方摔倒。

图 3-4-9

技术要点

上步、上托动作要协调、连贯、猛烈、一气呵成。

错误纠正

（1）抄腿不准，抱腿不紧。因此，应分解做抄腿练习。

（2）上托动作不协调连贯，导致无法摔倒对方。因此，应多练习上步、上托动作，注意身体协调发力。

抄腿旋压摔

动作方法 见图 3-4-10

（1）对方用左鞭腿击打我方胸部，我方用右臂格挡；

（2）用左手抄抱对方左腿，在向右后转身的同时右脚撤步；

（3）继而双腿屈蹲，上体下俯，以右手将对方左腿向我方裆内拨打，左手抱紧对方左腿，以肩部下压，使对方倒地。

技术要点

转身、撤步、拨打、下压的动作要协调连贯。

错误纠正

(1)抄腿不准，抱腿不紧。因此，应分解做抄腿练习。

(2)抄腿、转压动作不协调连贯，无法摔倒对方。因此，应多练习转身、撤步、拨打、下压动作，注意身体协调发力。

图 3-4-10

抄腿勾踢摔

动作方法 见图 3-4-11

(1)当对方用后(前)鞭腿攻击我方肋部时，我方迅速双手合扣，抄抱住对方进攻腿，顺势用右(左)手砍压其颈部，向下、向回带；

(2)左臂上托对方抄抱腿，右(左)脚勾踢其支撑腿，同时身体配合转体将对方摔倒。

技术要点

抄腿、压颈、上托、勾踢腿动作要协调连贯，一气呵成。

错误纠正

(1)抄腿不准，抱腿不紧。因此，应分解做抄腿练习。

(2)抄腿、压颈、勾踢动作不协调连贯，无法摔倒对方。因此，应多练习抄腿、压颈、勾踢动作，注意身体协调发力。

图 3-4-11

接腿摔

接腿摔是防卫摔法中较为常见且实用的一种技术。接腿主要是针对直线攻击腿法技术，如侧踹腿、正蹬腿技术，可分为正夹和抓抄两种形式。通常在对方以直线腿法攻击我方躯干时使用，我方利用手臂将其攻击腿接住后而施展摔法的技术。在防卫中运用接腿摔时，要求洞察先进、进退准确、接腿果断、锁抱要紧、施摔自然、协调发力、一气呵成。

接腿涮腿摔

动作方法 见图 3-4-12

(1)当对方用侧踹腿攻击我方胸部时，我方迅速双手合扣，锁抱住对方进攻腿；

(2)同时迅速向后撤步，猛力向回、向右下拉对方进攻腿，待对方重心下降时，迅速向左上摆动将对方摔倒。

技术要点

动作要协调、连贯、快速、一气呵成。

图 3-4-12

错误纠正

接腿时机不准，动作不协调、不连贯，摔不倒对方。因此，应多做接腿练习，保持接腿、下拉、摔摆动作连贯协调。

接腿勾踢摔

动作方法 见图 3-4-13

（1）当对方用侧踹腿攻击我方胸部时，我方迅速双手合扣，锁抱住对方进攻腿；

（2）我方同时迅速向前上步，左手下压，右手猛力向回、向上提拉对方进攻腿膝关节，待对方重心上升时用后腿勾踢对方支撑腿，将其摔倒。

图 3-4-13

技术要点

上步时，要含胸收腹，接腿、提拉、回带、勾踢动作要协调、连贯、快速、一气呵成。

错误纠正

（1）接腿时机掌握不好，动作不协调连贯。因此，应先分解练习，体会接腿动作，再完整练习。

(2)上步时挺胸拔背，提拉、回带、勾踢动作不连贯。因此，应注意动作准确连贯。

挂腿推胸摔

动作方法 见图 3-4-14

(1)双方从基本姿势开始，对方前蹬腿狠踢我方胸部，我方用左手向里抄挂，破解来腿；

(2)接着向前上左步，左手顺势滑抱对方右膝窝；

(3)出右手狠推对方胸部，使之倒地。

技术要点

挂腿时腰应向左转，上步、推胸动作一起制动，协调一致，动作迅猛。

错误纠正

挂腿时机掌握不好，动作发力不协调连贯。因此，应先分解练习，体会挂腿动作，再完整练习；注意转身、上步、推胸动作要连贯，掌握时机。

图 3-4-14

锁腿靠身摔

动作方法 见图 3-4-15

(1)双方对战，对方突然起左侧踹腿狠踢我方胸腹，我方身体重心后仰，左手向外勾挂，破解来腿；

(2)右脚向前上一大步，同时右臂外展，上体向后方靠击对方，使之失衡摔倒在地。

图 3-4-15

技术要点

上步、靠击、展臂齐动合一，蹬地转腰发力，力达触点。

错误纠正

同“挂腿推胸摔”。

贴身摔

贴身摔是防卫摔法中较为实用的一种技术。通常采用夹颈、抱腰、插肩、挑勾、别摔等贴身摔技术，是主要应用于近身缠抱或拳法攻击时所施展的摔法技术。在防卫中运用贴身摔时，要求洞察先机、进身果断、掏抱要准、锁抱要紧、施摔自然、协调发力、一气呵成。

夹颈过背摔

动作方法 见图 3-4-16

（1）双方由基本姿势开始，对方以左直拳击我方头部，我方用前臂格挡对方左前臂，左臂由对方右肩上穿过后，曲臂夹对方颈部；

（2）同时右脚背步（转体撤步）置于左脚平行处，两腿屈膝，身体右转，以左侧髋部贴对方前身；

（3）继而两腿蹬伸，向下弓腰，低头将对方背起后摔倒。

技术要点

（1）夹颈牢固，背步转身要快，低头，蹬腿协调有力；

（2）绕抱对方左臂要快，转身、低头、弓腰、蹬腿协调连贯，快速有力。

错误纠正

（1）夹对方手臂、颈不牢固。因此，应注意动作准确到位；背步转身不够快。因此，应先分解练习背步转身动作。

（2）转身、低头、弓腰、蹬腿的动作不连贯。因此，应注意动作快速有力。

图 3-4-16

夹颈打腿摔

动作方法 见图 3-4-17

(1)双方由基本姿势开始，对方以左直拳击我方头部，我方用前臂格挡对方左前臂，左臂由对方右肩上穿过后，屈臂夹对方颈部；

(2)上左脚，臀部抵住对方小腹，身体立即右转，同时用左脚向后横打对方小腿外侧，将对方挑起摔倒。

图 3-4-17

技术要点

夹颈牢固，转身要快，低头，打腿协调有力。

错误纠正

(1)夹颈不牢固。因此，应注意动作准确到位。

(2)转身不够快。因此，应先分解练习上步转体动作，转身要快。

(3)低头，打腿的动作不连贯。因此，应注意动作要协调快速有力。

抱腰过背摔

动作方法 见图 3-4-18

(1)对方用右掼(直)拳击我方头部；

(2)我方向前上半步，右闪身，左臂由对方右臂下穿过，左手抱对方腰部，右手夹住对方右臂；

(3)背右步，屈膝后蹬直，向下弯腰，低头将对方摔倒。

技术要点

(1)夹臂牢固，背步转身要快，低头，蹬腿协调有力；

(2)绕抱对方右臂要快，转身、低头、弓腰、蹬腿协调连贯，快速有力。

错误纠正

(1)闪身不快。因此，应先分解练习背步转体动作。

(2)夹臂、抱腰不够紧。因此，应多做练习。

(3)低头，蹬腿不协调连贯。因此，应注意动作快速有力。

图 3-4-18

插肩过背摔

动作方法 见图 3-4-19

(1)对方右摆拳击我方头部，我方立即向前上步；

(2)右闪身，左臂由对方右腋下穿过；

(3)背右步，至与左脚平行，两腿屈膝，同时右手夹住对方左臂，两腿蹬直，向下弓腰，低头，将对方摔倒。

技术要点

闪身快，背步、转身协调一致，低头、弯腰、蹬腿连贯有力。

错误纠正

(1)闪身、插肩不够快。因此，应先分解练习背步转体动作，多做练习。

(2)低头、弯腰、蹬腿不协调连贯。因此，应注意动作要协调，快速有力。

图 3-4-19

抱臂躺刀

动作方法 见图 3-4-20

（1）对方用左冲拳或掼拳击我方头部，我方用右前臂外格挡后抓其手臂；

（2）右脚向前上半步，随即左脚向对方左腿后插步，别对方左腿，左臂由对方右肩上穿过，屈肘夹抱对方的颈部；

（3）上体前俯下压对方胸部，使对方摔倒。

图 3-4-20

技术要点

格挡上步快，撞胸动作有力。

错误纠正

（1）上步慢。因此，应多练习，体会动作方法。

（2）别腿、下压动作不协调，无法摔倒对方。因此，应注意上步要靠近对方，同时使上体前倾撞胸。

夹臂勾别

动作方法 见图 3-4-21

（1）双方在缠抱过程中，趁对方身体向左后方倾斜时，右脚插入对方两脚之间；

(2)用小腿缠挂对方左腿内侧，同时双手用力前推，将对方摔倒在地。

图 3-4-21

技术要点

上步要快，身体靠牢，缠腿和发力要协调。

错误纠正

小腿无法缠住对方，无法摔倒对方。因此，应多练习体会动作方法，注意缠腿推手动作，体会身体协调发力。

折腰搂腿

动作方法 见图 3-4-22

(1)靠近对方，下闪，双臂抱住对方腰部；

(2)右脚抬起，并以小腿由前向后搂挂对方左小腿；

(3)同时双手抱紧对方腰部，上体前压其胸，使其后倒。

技术要点

抱腰、挂腿、前压要协调一致。

错误纠正

(1)上步慢。因此，应多做练习，体会动作方法。

(2)动作不协调。因此，应注

意上体前倾压胸和搂腿动作一致。

(3)无法摔倒对方。因此，应注意抱腰要紧并向回拉。

图 3-4-22

压颈搂腿

动作方法 见图 3-4-23

(1)双腿被对方抱住后，我方立即俯身屈髋并向左转腰，以左手压推对方后颈部；

(2)右手向上搂托对方左膝关节，使对方向前翻滚倒地。

技术要点

反应要快，转腰压推要协调。

错误纠正

俯身屈髋慢，发力不协调，无法摔倒对方。因此，应多练习体会动作方法，强调转腰压腿动作一致。

图 3-4-23

抱腿搂腿

动作方法 见图 3-4-24

（1）上步，身体下潜闪躲，然后左手抱对方右后腰，屈肘；

（2）右手抱其左膝窝用力回拉，使对方的左腿离地；

（3）左脚抬起前伸，由前向后搂挂对方的支撑腿，同时用左肩向前顶靠对方肋部，将其摔倒。

技术要点

上步、下潜、搂挂要协调一致。

错误纠正

（1）抱腿不紧。因此，应抱起对方的前腿使其单腿支撑。

（2）无法摔倒对方。因此，应注意进身后马上破坏对方的重心。

（3）用力不一致。因此，应强调搂腿、手拉和肩顶用力一致。

图 3-4-24

抱臂踢摔

动作方法 见图 3-4-25

（1）双方对战，相互抱缠在一起，我方用右臂夹住对方头颈，左臂抱其右臂；

（2）双脚踢转，身体猛力向右后方转身，同时右手回拉，左手推送，将对方摔倒在地。

技术要点

（1）左右手触位准确有力，蹬地踝脚、转身变换协调一致，力发于腰间；

（2）双手的用力轨迹呈斜下弧形。

图 3-4-25

错误纠正

夹不住对方头颈，转身、回拉、推送没有协调一致。因此，应注意动作协调，多练习，体会动作方法。

穿裆靠摔

动作方法 见图 3-4-26

（1）双方对战，对方出拳向我方进攻，我方快速潜身，接着上右脚锁控对方左腿，右手穿裆下抱对方右腿；

（2）上体向后靠撞，右手向上提抱，将对方靠摔在地。

技术要点

潜闪快速，上步、穿裆抱腿协调一致，蹬地转腰发力，力达触点。

图 3-4-26

错误纠正

下潜慢，发力不协调，无法摔倒对方。因此，应强调动作协调，多练习，体会动作方法。

捞腿扣肩摔

动作方法 见图 3-4-27

（1）双方对战，对方出拳向我方进攻，我方侧闪上步，上体前俯，避化来拳；

（2）右手向上扣捞对方左腿，左手向下推压其胸肩，将其摔倒在地。

图 3-4-27

技术要点

侧闪要快，捞腿、扣肩相合一体，快速有力。

错误纠正

侧闪不及时，动作不协调。因此，应强调动作协调，多练习，体会动作方法。

第五节 防守

防守技术是在整个防卫实践中不可缺少的内容，它一方面可以最大限度地规避防卫格斗中的风险与损失，另一方面也可以配合进攻技术提高防卫反击效果。武谚有云："攻中能守手不丢，守中善攻练家愁；严守只为攻必进，能攻才能好防守。"在防卫实践中常用的防守技法可分为接触性防守和非接触性防守两大类。接触性防守包括拍挡、挂挡、阻挡、格挡、抄抱等技术，非接触性防守包括躲闪、下潜和摇避等技术。主要应用于防卫实践中拳法、腿法和摔法等防守技法。

拳法防守技术

拳法进攻技术通常有两种运动形式，一种是直线进攻技术，另一种是弧线进攻技术。拳法防守技术主要是依据对方拳法进攻路线和运动轨迹来完成相应防守动作。在防卫中运用时要求防守面要大、动作幅度小、动作还原快。

拍压防守技术

动作方法 见图 3-5-1

（1）当对方用左（右）直拳向我头部击来时，我方将右（左）手拳张开向下推拍对方拳背，改变对方来拳路线，化解来拳力量；

（2）推拍后马上还原呈基本姿势。

图 3-5-1

技术要点

(1)拍压幅度要小、还原要快，短促有力，拍压瞬间身体应有顿挫动作；

(2)防守动作来源于身体的协动力。

错误纠正

(1)时机掌握不好。因此，应多练习。

(2)幅度过大，还原慢。因此，应注意幅度，还原要快。

(3)拍压瞬间身体没有顿挫动作。因此，应注意动作方法。

拍挡防守技术

动作方法 见图 3-5-2

(1)在基本姿势基础上，当对方左(右)手直拳击打到脸部 10 厘米距离时，迅速张开右(左)拳向左前下方短促有力的拍击对方手腕外侧，使直拳改变方向；

(2)拍击同时上体略向右挫动，拍击后迅速还原呈基本姿势。

图 3-5-2

技术要点

(1)拍击幅度要小、还原要快，短促有力，拍压瞬间身体应有顿挫动作；

(2)防守动作来源于身体的协动力。

错误纠正

(1)时机掌握不好。因此，应多练习，体会时机。

(2)拍击时推压、拍击动作过大，动作过于粘连，不短促有力。因此，应认真理解动作方法，做到出击快，还原快。

肩阻挡防守技术

动作方法 见图 3-5-3

（1）在身体处于基本姿势基础上，当对方用直拳击打头部时，后脚蹬地，使身体重心略前移，同时左脚跟外转，膝、髋、肩向右转动；

（2）提肩并将左手臂屈肘于前胸，头缩入肩窝处，肩和膝关节前顶，目视前方；

（3）当击打到目标部位时，肩和手臂肌肉突然收缩，防守后迅速还原呈基本姿势。

图 3-5-3

技术要点

重心略前移，肌肉突然收缩，动作协调。

错误纠正

幅度过大，重心没有前移，时机掌握不好。因此，应多练习，正确领会动作方法，纠正错误，强化技术要点。

头部躲闪

动作方法 见图 3-5-4

（1）由基本姿势开始，对方用左（右）手直拳攻击我方头部，我方重心迅速右移，同时转体；

（2）左（右）肩略右（左）倾，使对方来拳从肩上、头侧滑过；

（3）躲闪时可将左（右）肩耸起，以保护下颌。

技术要点

动作要协调、标准，判断来拳要准确，尽量让对方的拳贴着耳边滑过。

错误纠正

躲闪时动作幅度过大、出现判断不准现象。因此，应多练习，由慢到快，正确领会动作方法。

图 3-5-4

格挡防守

动作方法 见图 3-5-5

（1）由基本姿势开始，当对方左（右）摆拳向我方头部击来时，我方右（左）臂迅速外旋；

（2）同时我方手臂略有外展动作，格挡对方小臂内侧。

图 3-5-5

技术要点

注意格挡时机，动作协调放松，幅度一定要小，身体要配合手臂转动和制动。

错误纠正

时机掌握不好，动作幅度过大，身体不协调。因此，应多练习，由快到慢，体会防守时机，领会动作方法。

下潜防守

动作方法 见图 3-5-6

(1)由基本姿势开始，当对方用直拳或摆拳向我方头部击来时，我方重心迅速下降，双腿略屈；

(2)上体随着重心的下降而略前倾，缩颈藏头，目光不离对方身体，两手收回胸前防守，伺机反击。

图 3-5-6

技术要点

(1)掌握好时机，动作幅度不要过大；

(2)不要低头，保持重心稳定，动作协调放松、迅速灵敏。

错误纠正

(1)时机掌握不好，下潜幅度过大。因此，应注意动作幅度，由慢到快多练习，身体协调。

(2)出现低头现象。因此，应体会动作方法。

肘阻挡

动作方法 见图 3-5-7

（1）在身体处于基本姿势基础上，当对方用左（右）勾拳击打我方上体时，右（左）脚跟略外转；

（2）同时膝、髋、肩略向左（右）转动，上体略向下沉，转体的同时右（左）臂屈肘护住胸和腹部；

（3）左勾拳击打到上体瞬间，手臂肌肉迅速收缩形成静力对抗，阻挡后迅速还原呈基本姿势。

图 3-5-7

技术要点

手臂随着身体一起动，注意上体协调和瞬间紧张。

错误纠正

（1）没有转体。因此，应注意上体协调。

（2）肘臂动作不到位，手臂没有瞬间紧张。因此，应由慢到快，逐步练习，体会技术要点，掌握动作方法。

腿法防守技术

腿法进攻技术通常有两种运动形式，一种是直线进攻技术，另一种是弧线进攻技术。腿法防守技术主要是依据对方腿法进攻路线和运动轨迹来完成相应防守动作。在防卫中要求防守面要大、动作幅度小、动作还原快。

外挂防守

动作方法 见图 3-5-8

由基本姿势开始，当对方用前正蹬向我方腹部击来时，我方前臂迅速下滑，手臂同时内旋，由内向外挂挡对方来腿，身体配合转动，后手伺机反击。

图 3-5-8

技术要点

动作协调、放松，准确有力。

错误纠正

挂挡时，时机不准，部位不准确，动作幅度大，身体没有配合旋转和制动。因此，应强调技术要点，体会动作时机，多练习，正确领会动作方法。

里挂防守

动作方法 见图 3-5-9

由基本姿势开始，当对方用后正蹬向我方腹部击来时，我方前臂迅速下滑，手臂同时旋内，由外向内挂挡对方来腿，身体配合转动，后手伺机反击。

图 3-5-9

技术要点

动作协调、放松，准确有力。

错误纠正

挂挡时，时机不准，部位不准确，动作幅度大，身体没有配合旋转和制动。因此，应强调技术要点，体会动作时机，多练习，正确领会动作方法。

正夹防守

动作方法 见图 3-5-10

由基本姿势开始，左(右)手臂由下向上扣，右(左)手臂由上向下拍，双臂形成夹状，可以利用手臂或手掌夹住对方来腿；当夹住对方来腿时，双臂锁抱、紧扣，上体配合含胸收腹，然后用摔法或再进行反击。

图 3-5-10

技术要点

夹腿时双臂紧扣，把握距离和时机，收腹含胸锁抱要及时，动作协调，夹击有力。

错误纠正

正夹不紧，没有含胸，距离感、时机掌握不好等。因此，应多练习，体会夹腿时机，夹腿要紧，正确领会动作方法。

阻抄技术

动作方法 见图 3-5-11

由基本姿势开始，两脚蹬地，身体略向前移，用右手掌或前臂阻挡对方侧踹腿进攻，同时用左手臂从侧面进行抄抱，将对方来腿锁抱于腹前，然后用摔法或者拳腿进行反击。

技术要点

身体要前迎，接腿时要闭气；动作协调放松，幅度一定要小，身体要配合手臂转动和制动。

错误纠正

前迎动作幅度过大，锁抱不紧，没有含胸，距离感掌握不好等。因此，应多练习，由慢到快，逐步练习，正确领会动作方法，强调技术要点。

图 3-5-11

里抄抱

动作方法 见图 3-5-12

对方以前鞭腿向我方肋部进攻时，右手屈臂贴紧胸前，立掌，掌心朝外，挡住对方攻击腿，同时左手从体前滑过，由下向上抄住对方左小腿，抱住对方腿时，左右手掌心相对锁扣，收腹含胸，将对方左腿抱住。

图 3-5-12

技术要点

两臂紧贴体前，保护裆和胸、腹部，两手呈钳子状，两手相合锁扣。

错误纠正

时机掌握不好，两臂离开躯干向前迎抱，防守不严密，动作不连贯、不协调、不够放松，抄抱不紧。因此，应多练习，由慢到快，体会抄抱时机，逐步掌握动作方法。

外抄抱

动作方法 见图 3-5-13

对方用后鞭腿向我方肋部进攻时，左手臂外旋弯曲，上臂紧贴肋部，手心朝外，挡住对方攻击腿，同时转体左转，右手由身前滑过，由下向上抄抱对方右小腿，收腹含胸两手相合锁扣于左胸前。

图 3-5-13

技术要点

上臂护紧躯干，两手呈钳子状。抱腿时，两手相合锁扣。

错误纠正

时机掌握不好，两臂离开躯干向前迎抱，防守不严密，动作不连贯、不协调、不够放松，抄抱不紧。因此，应多练习，由慢到快，体会抄抱时机，逐步掌握动作方法。

双臂联防技术

动作方法 见图 3-5-14

当对方用鞭腿向我方躯干踢来时，我方迅速用异侧手臂进行阻挡防守，同时用另一手臂向外、向下推拍，然后伺机进行反击。

图 3-5-14

技术要点

动作协调放松，幅度一定要小，身体要配合手臂转动和制动。

错误纠正

防守时动作幅度过大、不够严密。因此，应多练习，正确领会动作方法，纠正错误，强调技术要点。

第六节 肘法

肘是人在防卫近战格斗中十分重要的攻防性肢体武器。肘具有出招快、角度多、力度狠、灵活多变、破坏力强、短小精干和攻防兼备等特点。武谚有云："宁挨十手，不挨一肘。"防卫实践活动中常用的肘法有横击肘、直击肘、下击肘、挑击肘、追肘和反肘等技术。主要应用于防卫实践中短距离贴身近战格斗。

横击肘(平肘、摆肘)

动作方法 见图 3-6-1

(1)左横击肘。由基本姿势开始，左脚急速向前迈进一步，同时，左臂屈肘，拳眼对胸，抬臂与肩平，肩腰由左向右猛拧，肘由左向右横摆，力达肘尖，右臂屈肘，右拳紧握，护住头部。

图 3-6-1

(2)右横击肘。由基本姿势开始，右手臂屈肘平抬，肘尖由身体左、右两侧弧形向前平摆，力达肘尖。左手臂护住下颌，右脚掌蹬地配合发力，转腰合髋，送肩甩肘时，目视前方。

技术要点

肘的夹角要小，肩要放松，配合身体协调发力。拧腰、转肩要有力。肘侧击主要用于攻击对方上身和头部，因此肘关节与肩平行为宜。

错误纠正

肩过于紧张，缺少身体配合发力。因此，应练习时，注意放松，多体会动作方法。

直击肘（冲击肘、逼肘）

动作方法 见图 3-6-2

（1）左直击肘。由基本姿势开始，左脚快速向前一步，右腿向前蹬送，重心移至左脚，同时右臂屈肘成 90 度防护头部，左臂屈臂前抬，由腰侧直线向前发力击出，力达肘前尖部。

（2）右直击肘。由基本姿势开始，右腿向前蹬送，重心移至左脚，同时左臂屈肘呈 90 度，防护头部，上体猛然向左转体，右臂屈臂前抬，由腰侧直线向前发力击出，力达肘前尖部。

图 3-6-2

技术要点

力量由后向前撞打，力走直线或斜线，充分利用腿部蹬地向前的力量，用肩臂将肘向前推送。

错误纠正

身体不协调，动作僵硬。因此，应注意放松，体会动作方法。

下击肘（砸肘、剁肘）

动作方法 见图 3-6-3

(1)左下击肘。由基本姿势开始，左肘屈肘向前，上抬至头顶，然后向下猛砸，力达肘尖，右臂屈肘防头，发力要弓腰，以增加剁砸力度。

(2)右下击肘。由基本姿势开始，右手臂屈肘上抬至头顶，肘尖向体前下方剁击，左臂屈臂防头，身体重心下降，含胸收腹，屈膝沉跨，力达肘尖，目视前方。

图 3-6-3

技术要点

含胸收腹，身体放松，配合身体发力。剁击力由上至下垂直用力或视情况斜垂用力。只有沉肩、坠肘、气沉才能使力量集中。

错误纠正

身体不协调，紧张僵硬。因此，应注意放松，体会动作方法。

挑击肘（撬肘）

动作方法 见图 3-6-4

(1)左挑击肘。由基本姿势开始，左手臂屈肘由下向上挑击，力达肘尖，左脚掌蹬地配合发力，转腰送肩，右臂屈臂防头，目视肘方。

图 3-6-4

(2)右挑击肘。由基本姿势开始，右手臂屈肘由下向上挑击，力达肘尖，右脚掌蹬地配合发力，向左转腰送肩，左臂屈臂回收防头，目视肘方。

技术要点

身体放松，挑肘快速有力，配合身体发力。

错误纠正

身体不协调，紧张僵硬。因此，应注意放松，体会动作方法。

追肘

动作方法 见图 3-6-5

由基本姿势开始，左手臂胸前屈肘，肘尖向前或向斜上方直顶，力达肘尖，脚掌蹬地，转腰送肩，注意防守，目视肘方。

图 3-6-5

技术要点

配合身体发力，要短、快、硬、狠。

错误纠正

肩部发力过于紧张，没有配合身体发力。因此，应注意放松，体会动作方法。

反肘(回肘、后肘)

动作方法 见图 3-6-6

由基本姿势开始，右手臂屈肘，突然转身发肘撞击对方，撞击有三种路线，即水平方向撞击、垂直向下撞击及向上撞击，力达肘尖，转身拧腰，身肘配合，步稳肘猛，注意防守，目视肘方。

技术要点

身体放松，撞肘快速有力，配合身体发力。

错误纠正

身体不协调，紧张僵硬。因此，应注意放松，体会动作方法。

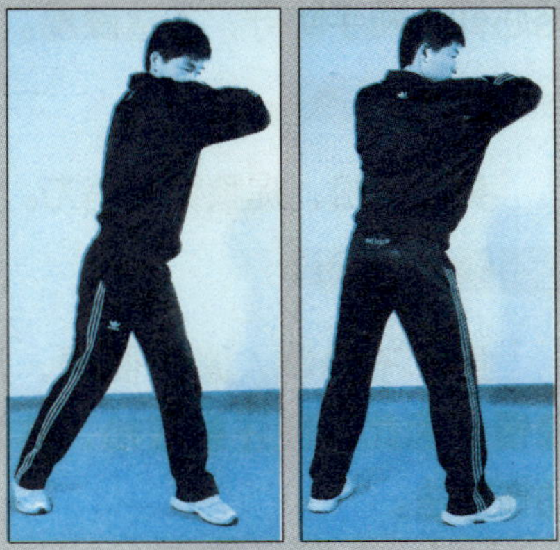

图 3-6-6

第七节 膝法

膝是在防卫近战格斗中重要攻防性肢体武器。具有起动快、角度多、隐蔽性强、爆发力大、灵活多变、短小精干、攻防兼备等特点。防卫实践活动中常用的膝法有前冲膝、上顶膝、斜撞膝、侧弯膝、横扫膝和飞膝等技术。主要应用于防卫实践中短距离贴身近战格斗。

前冲膝

动作方法 见图 3-7-1

（1）左前冲膝。由基本姿势开始，左脚蹬地，重心后移，右腿撑地，左腿迅速上提，并随即以膝盖为力点向前平行冲击，呼气收力，力达膝尖。

（2）右前冲膝。由基本姿势开始，右腿蹬地，屈膝上提，向体前直线前冲，左腿支撑身体，上体略后仰，两手防守，力达膝部。

图 3-7-1

技术要点

身体放松，提膝快速有力。

错误纠正

身体不协调，紧张僵硬，提膝慢。因此，应注意放松，体会动作方法。

上顶膝

动作方法 见图 3-7-2

（1）左上顶膝。由基本姿势开始，左脚蹬地，重心后移，右腿支撑身体，左腿屈膝，以膝盖为力点，迅速提起，向上顶击。

（2）右上顶膝。由基本姿势开始，右腿蹬地，屈膝上提，向体前方垂直上顶，左腿支撑身体，上体略内含，两手防守，力达膝部。

图 3-7-2

技术要点

身体放松，右脚蹬地，提膝快速有力。

错误纠正

身体不协调，紧张僵硬，提膝慢。因此，应注意放松，体会动作方法。

斜撞膝

动作方法 见图 3-7-3

(1)左斜撞膝。由基本姿势开始，左膝上抬，身体右后转，同时左膝斜前冲出，上体后仰，力达膝尖。

(2)右斜撞膝。由基本姿势开始，右腿蹬地，屈膝上提，向体前斜上方 45 度撞膝，左腿支撑身体，上体向左后转动，左手防守，右手屈臂下滑，力达膝部。

图 3-7-3

技术要点

身体放松，充分蹬地，注意身体协调用力。

错误纠正

身体发力不协调，紧张僵硬，提膝慢。因此，应注意放松，体会动作方法。

侧弯膝

动作方法 见图 3-7-4

(1)左侧弯膝。由基本姿势开始，重心后移，右脚向外侧拧转，左腿蹬地，屈膝上提，用膝部内侧由外向里摆击，右腿支撑身体，上体由左向右猛转，右手防守，左手屈臂下滑，力达膝部。

图 3-7-4

(2)右侧弯膝。由基本姿势开始，左脚向外侧拧转，右腿蹬地，屈膝上提，用膝部内侧由外向里摆击，左腿支撑身体，上体向右略转动，左手防守，右手屈臂下滑，力达膝部。

技术要点

身体放松，充分蹬地，摆动速度要快，注意身体重心稳定。

错误纠正

重心不稳，身体发力不协调，紧张僵硬，提膝和侧弯慢。因此，应注意放松，体会动作方法。

横扫膝

动作方法 见图 3-7-5

由基本姿势开始，左脚向外侧拧转，右腿蹬地，屈膝上提，与上体水平，且与地面垂直，由右向左横扫 360 度，左腿支撑身体，左手防守，右手屈臂下滑，力达膝部。

图 3-7-5

技术要点

身体放松，充分蹬地，横扫速度要快，注意身体重心稳定。

错误纠正

重心不稳，身体发力不协调，紧张僵硬，提膝和横扫慢。因此，应注意放松，体会动作方法。

飞膝

动作方法 见图 3-7-6

由基本姿势开始，双脚用力蹬地，身体凌空，右膝向上飞顶，两手自然防守，力达膝部。

技术要点

掌握身体平衡，利用身体惯性发力，注意身体协调。

错误纠正

发力不协调，紧张僵硬，身体平衡性不好。因此，应注意放松，体会动作方法，多练习。

图 3-7-6

第八节 解脱抗暴术

解脱抗暴术是防卫实践的重要技术，是规避格斗风险和达到防卫效果的前提。解脱抗暴术是当人在非情愿状态下，身体某部位在外力作用下被束缚或控制时，被侵害者运用方法使被束缚或控制部位得以脱逃，同时采取反击的技术。解脱技术在应用过程中要求动作快、方法巧、爆发用力、随机应变。

搂腿压膝

动作方法 见图 3-8-1

当对方在正前方，用双手抓握我方右手下折时，我方借助对方下折之力右手掌心上迎，向前下蹲，上右步。左手由对方左腿向里侧穿过，搂住其左小腿。左脚蹬地，向前弓步，用左肩顶其左腿膝关节，同时右手用力向下拉歹徒双手，将其摔倒在地，使自己得以解脱。

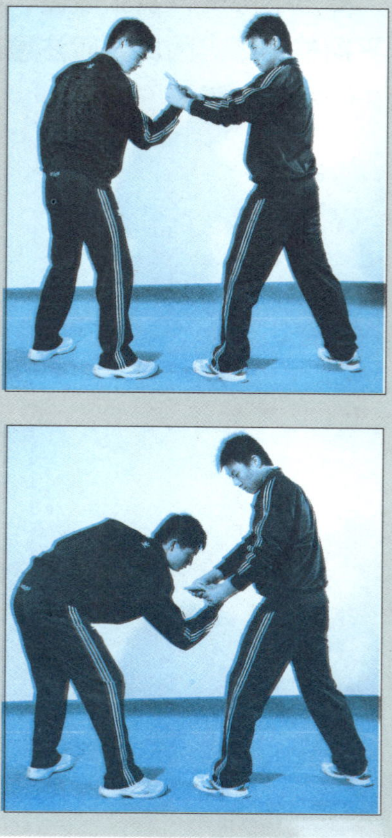

技术要点

在做搂腿压膝动作时应顺势下蹲上步、掌心上迎，以减缓对方折指之力。搂腿、顶膝动作要突然、协调、有力。

错误纠正

下蹲上步、掌心上迎动作不迅速、协调，搂腿、顶膝动作不够协调连贯。因此，应采取分解练习，先进行下蹲上步、掌心上迎动作练习，掌握进身动作后，再单独练习搂腿压膝摔法动作，基本熟练后，将两组动作结合起来反复进行练习，直至熟练。

图 3-8-1

拉臂击肋

动作方法 见图 3-8-2

当对方在背后，用右手抓握住我方左手腕时，我方左臂迅速前摆、屈肘、上提，左手反握其右手腕。左手抓腕后，上体由右向左转动，逆时针上提，拉对方右手腕。右手握拳，向左转体，用勾拳或直拳猛击对方肋部，将其重创。

技术要点

在做拉臂击肋时，首先应向前摆臂、屈肘、上提，随后拉腕、击肋。抓腕要快，击肋应有力。

错误纠正

摆臂、屈肘、上提动作僵硬，身体没有配合转体，整个动作不协调。因此，应采用分解练习，先练习拉臂转体动作，然后再练习完整动作，动作由慢到快，逐步体会动作，直至熟练完成动作。

图 3-8-2

回肘击肋

动作方法

见图 3-8-3

当对方在背后，用右手由后抓握住我方左臂肘关节时，我方左手迅速前伸，左臂伸直，身体由左向右略配合转体，使被对方抓肘之手得以解脱。随即左转身，屈肘，用左肘后顶其肋部，将其重创。

技术要点

在做转身顶肋动作时，首先要解脱被暴徒控制的左肘。伸臂要突然，转身解脱和转身击肋动作都要快速、迅猛、准确。

技术要点

解脱时身体没有配合转动，

或有转动，但不够突然；转身回肘距离感不好，达不到重创的效果。因此，练习时，可以将解脱与回肘击肋分开进行练习，以便更好的掌握，待基本掌握后，再进行完整练习，直至熟练。

图 3-8-3

盘肘击头

动作方法 见图 3-8-4

当对方在正前方，并上右步，用右手抓握我方左臂肘关节时，我方立即向后撤右步，用右手抓扣其右手臂，左手屈臂，用前臂顺时针圈盘下按其右肘关节，同时屈抬右腿，提右膝上顶其头部，全力重创其头部。

技术要点

在做盘肘击头动作时，首先要做好扣手、盘转、下按等动作，要协调、有力，用膝顶头要突然有力。

错误纠正

扣手不紧，盘肘下按动作僵

硬、不协调，膝击头部力点不准，不能造成重创。因此，应进行分解练习，先练习盘肘擒拿动作，基本准确熟练掌握后，再单独练习上击膝动作，最后将两组动作完整反复练习，直至掌握该动作。

图 3-8-4

跺脚撩裆

动作方法 见图 3-8-5

当对方在背后，用双手旋拧我方右手腕，使我方身体向前倾、屈右臂时，我方突然起右脚跺踩对方右脚面。跺脚后，我方迅速向前弯腰，用右脚跟后撩踢对方裆部，将对方重创、制服。

技术要点

在做跺脚撩裆技术时，注意跺脚时要突然爆发力。撩裆要快、准、狠。

错误纠正

跺脚不准，不够迅速果断，跺脚撩裆动作不协调、连贯。因此，应有针对性地进行分解练习，专门练习跺脚和撩裆，当单一技术基本成熟后，再将两个内容组合在一起，反复进行练习，直至熟练。

图 3-8-5

扶地击裆

动作方法 见图 3-8-6

当对方在背后，用右手抓握住我方右手腕，左手压按我右肩时，我方立即借助其拧腕、压背之力，左掌扶地，双腿屈膝、重心下降，右腿迅速屈抬，用右腿后蹬其裆部。

技术要点

在做扶地击裆技术时，首先要借助对方之力屈膝、扶地。抬腿要快速、准确、突然、有力。

错误纠正

扶地支撑动作不协调，击裆不准确，缺乏力量。因此，可以采取分解练习，先练习扶地动作，再单独练习后蹬技术，最后将两组动作结合起来反复进行练习，直至熟练掌握。

图 3-8-6

回肘击头

动作方法 见图 3-8-7

当对方在背后，用双手旋拧我方右腕部时，我方迅速向前上左步，身体快速左转，同时左臂屈肘平抬，用肘后摆，横击其头侧。

技术要点

在做回肘击头时，首先上步、转体要快速，协调。左臂屈肘、平抬要快，后摆顶击头要准确、有力。

错误纠正

上步、转体、击头动作不协调，连贯。因此，可先练习肘击技术，然后再结合完整动作进行练习，直至熟练掌握。

图 3-8-7

扣手格肘

动作方法 见图 3-8-8

当对方在正前方，向前上左步，左手抓我方右肩时，我方迅速右脚向后撤半步，左臂屈肘，左手扣握住其左手手背，身体立即向左转动，右臂上屈抬，用右小臂由外向内格挡对方左臂肘关节，重创其肘部。

技术要点

在做该动作时，首先扣握手臂要紧。格肘时要有身体配合发力，快速、有力、准确，一气呵成。

错误纠正

扣手不紧，格肘缺少身体配合发力，力点不准。因此，练习时，应由慢到快，循序渐进进行练习，多体会要领。

图 3-8-8

砍颈顶腹

动作方法 见图 3-8-9

当对方在正前方，上左步，双臂平抬、前伸，用双手掐住我方喉部时，我方迅速向后撤右步，屈抬双臂，双小臂由里向外格挡其双臂，顺势双手成掌，砍击其颈部动脉处。双手砍颈后顺势搂其颈部，用力回拉，同时屈抬右腿上顶其腹部，解脱后重创对方。

技术要点

在做砍颈顶腹技术时，屈臂格挡要用力，砍颈要突然、准确，拉颈顶腹要尽全力，动作协调、自然。

错误纠正

格臂砍颈动作不够连贯，搂颈顶腹力量不足。因此，练习时，可采取分解练习法和完整练习法相结合。先练习格臂砍颈，基本熟练掌握后，再练习上顶膝技术，提高顶膝攻击力，最后将两组动作完整练习，反复练习直至熟练掌握。

图 3-8-9

转身击肋

动作方法 见图 3-8-10

当对方在背后，用右脚踩踏我方右腿膝窝，双臂扒肩欲将我方摔倒时，我方借助其下踏之力，立即右膝跪地，左腿屈膝下蹲，身体顺势左转，左臂略屈横摆，击对方左肋，将其重创。

技术要点

在做该动作时，要顺势跪膝下蹲，转身要快，左拳后摆击要突然、准确、有力。

错误纠正

动作不协调，击打力量不足。因此，应反复练习此动作，注意要借助身体的力量配合发力。

图 3-8-10

抱腿前顶

动作方法 见图 3-8-11

在与对方搏斗中，不慎被对方正面用右臂圈锁住我方颈部时，我方应立即上左步插入其两腿中间，双手环抱对方双腿膝关节后侧。此时，我方迅速用右肩顶对方腹部，双手向后、向上拉对方膝关节，将其摔倒，使我方得以解脱。

技术要点

在做抱腿前顶动作时，下蹲要快，用以防摔。抱腿要紧，回拉前顶动作要协调、连贯同时完成。

错误纠正

抱腿不紧，回拉前顶动作不够协调连贯。因此，练习时，可先练习抱双腿前顶摔，然后再结合实战应用，反复练习直至熟练掌握该项技术。

图 3-8-11

扣手格肘

动作方法 见图 3-8-12

对方向前上左步，举左臂，左手由上向下抓住我方头发时，我方迅速用右手扣握其左手背，同时左臂上举屈肘上抬，用左前臂由内向外格挡其左臂肘关节，我方身体纵轴由右向左猛然转动，配合左臂外格发力，将其重创、制服。

技术要点

在做扣手格肘动作时，应注意在对方抓发外侧实施技术，在防卫时，扣手要快速、准确，格肘时身体左转应保持协调、迅猛。

错误纠正

扣手不够准确、快速，格肘时身体配合不协调，动作分节。因此，应先练习扣手，再进行格肘练习，最后进行完整练习，关键在于体会格肘时发力协调、有力，学会运用躯干力量作用于手臂。

图 3-8-12

托肘踹膝

动作方法 见图 3-8-13

对方在左侧上右步，举右臂，右手由上向下抓握住我方头发时，我方右臂上举、屈肘，用右手抓扣其右手背。上体由左向右转体同时，左臂屈肘上抬，左手向上猛击对方右肘部。重创对方肘部同时屈抬左腿，用全脚掌猛踹对方右膝关节，将其制服。

技术要点

紧扣对方手背，转体托肘要迅猛，击膝动作要突然，上下肢应协调配合发力。

错误纠正

扣握不紧、不准，托肘时缺少转体，击膝缺少速度力量，准确性不够。因此，应采取分解练习和完整练习法。先分解练习抓扣、转体托肘、托肘踹膝，最后再将所有动作完整练习。动作要点快速、协调、准确。

图 3-8-13

戳眼别腿

动作方法 见图 3-8-14

当对方在左侧，上左步，用双臂将我方左臂及腰抱住时，我方迅速起左脚向右横跨一步，右臂屈肘平抬，右手成掌，将食指、中指竖起，猛戳其眼部。上动不停，右手迅速抓握其左手腕。左脚向对方左脚外侧上步，左小臂由其左臂腋下穿过，抱住其左臂。同时身体猛然向右侧转动，右手拉对方左手腕，用左小腿别其左腿，将其重创后摔倒。

技术要点

在做戳眼别腿技术时，做到戳眼要准、狠，抓腕要牢，上步要快，抱臂要紧，别腿要有力，转体及时，动作完成协调连贯。

错误纠正

戳眼不够果断、准确，抱臂别摔动作不够协调、连贯。因此，练习时应采取分解练习法和完整练习法相结合。先练习戳击技术，当戳击技术具有一定杀伤力后，再练习抱臂别摔技术，最后将完整动作反复练习，直至掌握该项技术。

图 3-8-14

击裆背摔

动作方法 见图 3-8-15

当对方在身后用双臂将我方双臂环抱于腹前时，我方迅速将头后仰，猛撞其面部，此时左脚向左横跨一步，身体重心随之左移，用右臂由上经下猛击其裆部，力达拳轮。上动不停，我方双手立即抱住其右臂，猛然左转，将其摔倒。

技术要点

撞头、击裆动作要协调连贯，动作完成要一气呵成。

错误纠正

撞头、击裆动作不够果断，摔法技术完成不好。因此，练习时应采取分解练习，先练习撞头、击裆动作，再练习抱臂摔技术，待其熟练掌握后，结合起来反复练习，直至熟练掌握。

图 3-8-15

推肩别腿

动作方法 见图 3-8-16

在与对方搏斗过程中，起左腿反击对方时，不慎被其用双臂抱住我方左腿。我方右脚迅速向前跳步，重心前移，左腿立即向前下压，同时左手抓握住对方右肩。左脚插向其左腿外侧后落步，左手推其右肩，身体向右侧转动。

同时右手回拉对方左肩，使其重心后坐，用左腿别其左腿，将其摔倒，我方得以解脱。

技术要点

在做推肩别腿技术时，首先跳步要及时，左腿下压时身体重心要配合前移，略向右转，下压要有力。推肩别腿应同时完成，动作要协调。

错误纠正

推肩力量不够，推肩别腿动作不协调。因此，练习时应先练习推肩压腿动作，体会技术的用力顺序，然后再练习推肩别腿动作，直至熟练掌握。

图 3-8-16

拉肩打腿

动作方法 见图 3-8-17

在与对方搏斗中，我方起左腿踢击对方躯干，不慎被其双手抱住我方左腿，欲施抱摔时，我方迅速右跳步向前，靠近对方，左臂屈臂上抬前伸，左手抓住其左肩衣领，向其身体后方左侧拉拽。屈右膝、弯腰，右手向下抓

打对方左腿踝关节，此时被抱腿和身体配合向右转体，将其摔倒在地，得以解脱。

技术要点

在实施拉肩打腿动作时，拉肩打腿动作要及时、协调、连贯。打腿要有力，身体转动要自然、协调。

错误纠正

拉肩打腿动作不协调，身体没有配合发力。因此，应将此动作反复进行练习，体会其中发力顺序与技巧，熟练掌握该项技术。

图 3-8-17

翻身剪腿

动作方法 见图 3-8-18

当对方在背后，其左手拉握住我方右小腿，右手抓住我右膝关节，欲将我摔倒时，我方双臂屈肘，自护做前扑动作，向前倒地。左腿落于对方双脚外侧伸直，身体右上翻转，左小臂撑地。右腿在其大腿前伸直，身体猛然向右侧转体，用双腿之合力剪对方

髋部，将其剪倒。

技术要点

在做此动作时，要做好前仆倒地。双腿要用合力剪其髋部，身体转体配合发力。

错误纠正

前扑动作不规范，剪腿缺少合力，动作不够突然、果断，缺少身体配合发力。因此，应先练习前扑技术，再练习倒地剪腿技术，着重注意身体配合发力和剪腿技巧。

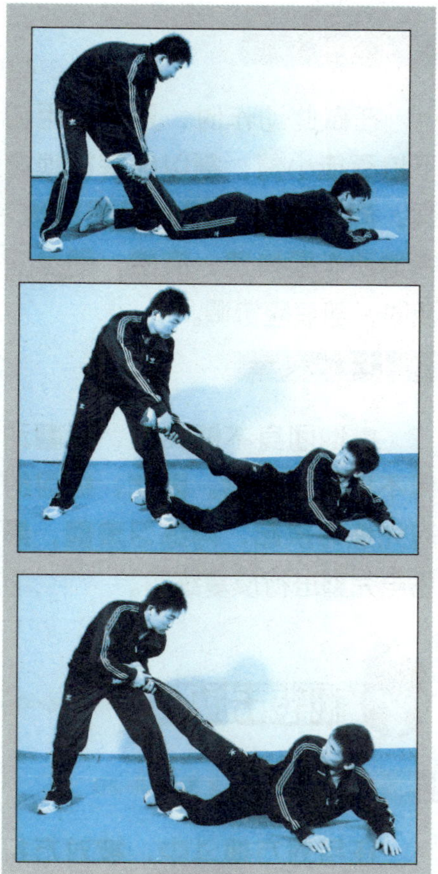

图 3-8-18

团身滚摔

动作方法 见图 3-8-19

在与对方搏斗中，歹徒将我方摔倒在地，骑坐在俯卧于地面的我方腰上，左小臂由后锁住我方颈部时，我方双肘撑地，双手抓握对方左小臂下拉。此时，迅速团身上拱，双膝撑地。上动不停，我方双手迅速下拉对方左小臂，同时团身、前滚，将其摔倒，我方得以解脱。

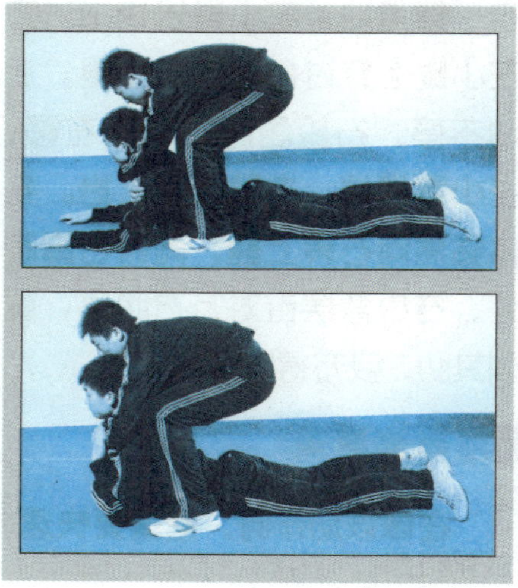

技术要点

在做此动作时，双手要用力下拉歹徒小臂，得以缓解被锁之颈，同时便于施摔。双腿蹬地、撑地动作要快速、突然，团身应及时，前滚应协调。

错误纠正

拱地团身不够突然，滚翻动作不协调、自然。因此，练习时应先练习拱起，再练习滚翻，最后再完整进行反复练习。

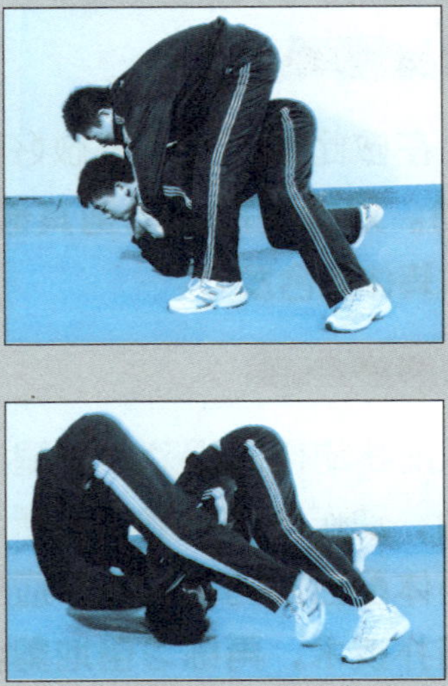

图 3-8-19

翻转击肋

动作方法 见图 3-8-20

在与对方搏斗中，被对方打倒在地，并被骑坐于我方的躯干上，欲向我方实施攻击时，我方右小臂撑地，左小臂迅速由对方左小腿上穿过掏抱其左小腿。上动不停，右腿屈膝，重心左移，左小臂撑地，右臂屈肘上抬。身体猛然向右转上翻，同时右脚蹬地，右小臂摆击对方右肋部，重创其肋，我方得以解脱。

技术要点

在做该动作时，抱腿要快速、

牢固，转体击肋动作要协调、突然、有力。

错误纠正

转体击肋时，右脚配合蹬地不充分，身体动作不协调。因此，应多练习，由慢到快，循序渐进地反复练习。

图 3-8-20

抱头滚翻

动作方法 见图 3-8-21

在与对方搏斗中，被对方摔倒在地，双小臂撑地，对方骑坐在我背上，欲向我方攻击时，我方双手紧抱后脑自护。迅速屈腿、缩头、耸肩、团身，用双肘及双膝跪撑地面。此时，双腿迅速蹬地，用腰、臂、臀部合力向前上拱对方臀部，将其摔倒，我方得以解脱。

技术要点

在做此动作时，首先要用双手抱头自护，以防对方攻击头部。

随后的整个动作要连贯协调，一气呵成，身体滚动应自然。

错误纠正

蹬地、团身、拱腰、滚翻动作不够协调、自然。因此，应多练习，练习中强调迅猛、果断，注意体会对方重心的移动。

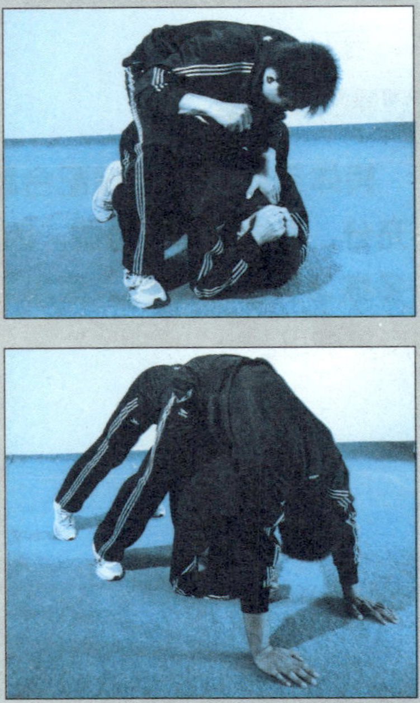
图 3-8-21